小山 嘉昭

素顔の日本

日本橋出版

目次

はしがき・・・・・・・・・・・・・・・・・・・・・・・・・・・・・・・・・・・・ 4

第一章　敗戦の記録・・・・・・・・・・・・・・・・・・・・・・・・・・ 7

第二章　戦後の金字塔　日本の経済成長 ・・・・・・・・・・ 14

第三章　国土、土地、住宅・・・・・・・・・・・・・・・・・・・・ 24

第四章　都市　難問・理想的な町づくり ・・・・・・・・・・ 35

第五章　土との対話 ・・・・・・・・・・・・・・・・・・・・・・・・ 42

第六章　清らかな水 ・・・・・・・・・・・・・・・・・・・・・・・・ 51

第七章　呼吸する森 ・・・・・・・・・・・・・・・・・・・・・・・・ 59

第八章　ロマン溢れる海・・・・・・・・・・・・・・・・・・・・・ 67

第九章　将来に不安を宿す食料事情 ・・・・・・・・・・・・・ 79

第十章　新しい担い手を待つ 資源エネルギー ・・・・・・・・ 96

第十一章　得意の分野　科学技術・・・・・・・・・・・・・・ 109

第十二章　独自の奥義を発信する 芸術・文化 ・・・・・・ 119

第十三章　繁栄する日本のスポーツ界 ・・・・・・・・・・・・ 127

第十四章　平和な宗教・・・・・・・・・・・・・・・・・・・・・・・　133

第十五章　世界で孤立する言語　日本語・・・・・・・・・・・　140

第十六章　すべての営みの原点　市場・・・・・・・・・・・・　148

第十七章　金融資産　世界一の対外金融純資産額・・・　155

第十八章　経済資産　金融・土地資産の光と影・・・・・　164

第十九章　「人」　人口の歴史的転換点・・・・・・・・・・・　172

第二十章　「会社」　世界に雄飛していく日本企業・・・・　183

第二十一章　「国家」　安寧秩序に非凡な実績・・・・・・・　193

第二十二章　日本の国際競争力への評価・・・・・・・・・・・　208

はしがき

　我が国では自らの国の包括的な状況について、2，3日程度で読み切れるような簡単な書物はほとんどない。分厚い専門書や年鑑、統計書のたぐいなどはあるのだが、かなり膨大であり全貌を把握するには相当の時間を要する。今日の日本の状況を客観的に把握するためには、その事象そのものの基本原理・基本作用、歴史的な視点、世界の動きのなかでの位置づけ、国家の構造、数字的裏付け、などを必要とするが、それらについてしっかりと応対するとなると結局は分厚い書物になってしまう。分厚くてもかまわないのだが、精緻にしようとすればするほど項目間の論理一貫性をとるなどのためにどうしても冗長になりがちであり読者にとって貴重な時間を浪費することになりかねない。

　何とかして手軽に理解されるような入門書、一般教養書のようなものが作れないものかどうか。これが本書出版の直接の動機である。

　本書は、「激動する世界の中での日本」というテーマを扱っている。当方が駐ルーマニア大使として個人的に得た体験や現役の折に、国際会議への出席などで世界45カ国を訪問・滞在したときの外国の人々との対話等から多くの示唆を得て、なるべく素直に、平明に記述することを試みた。

　本書ではフロー統計よりも経済・社会のストック統計の分析を中心に据えていることをあらかじめおことわりしておきたい。その意味でひとつの特徴をなしていると思う。

　本書の構成は、2頁以下の目次のとおりである。まず第1、2章で戦中・戦後の過去を振り返り、第3章、4章で国土、住宅、都市といった国の骨組みの部分を紹介し、第5〜8章で土、水、森、海の4つの章に分けて日本の基本的な自然環境について言及した。そのあと第9章、10章で食料、資源エネルギーといった生活基盤を叙述し、第11章〜15章では、国家にとって巨大なソフトウェア基盤ともいうべき科学技術、芸術・文化、スポーツ、宗教、言語という項目を取り上げた。第16章から18章は市場、金融資産、経済資産といった日本経済に関する叙述である。第19章〜21章では社会を実際に動かしている活動主体である「人」、「会社」、「国家」をそれぞれ個別に取り

4　　はしがき

上げた。第22章では世界の有力者や賢者の集まりを毎年主催しているダボス会議の事務局である世界経済フォーラムが行った我が国の国際競争力についての調査結果を紹介してこの短編の締めくくりとしている。

英国の著名な思想家であるジェレミ・ベンサム（1748年〜1832年）は、「最大多数の人々の最大の幸福は道徳と法の基礎である。」という有名な言葉を残した。

私はこの句を「最大多数の人々の最大の幸福は人間社会すべての基礎である。」といいかえたい。

言葉としてはそれでよいものの、肝心の「幸福」とは一体何なのかが実ははっきりしない。

個々の人にとってそれは相当主観的なものに違いない。それを合計して説明することはほぼ不可能に近い。しかし、私なりの解釈では、幸福とは「平和」という概念にかなり近いところに位置するとともに、精神的にはむろん、物質的な「豊かさ」ともかなり重なり合う存在ではないか、そして努力が報われたときに生ずる達成感に通ずるものなのではないか、という認識に立ち至った。欣喜するような刹那的な状態を意味するものではなく、「じっとかみしめて実感するような」、そして意外なことに我々の身近にある平凡とも思えるようなゆったりした状況を指すのではないかと思うようになった。書き終えてみるとこの著作の作業は、幸福を求めて歩く旅のようなものであった。

旅は気まぐれである。本書は、どの箇所から読んでも問題ない構成になっているので読者にとって興味あるテーマから随時読み進んでいただければ幸いである。

出版に当たっては、日本橋出版の代表社員大島拓哉様からまことに御懇篤なる助言、御協力をいただいた。ここに心から感謝の意を表したい。

本書をいつもそばにいて温かく見守ってくれた妻、久美に捧げたい。

新しい令和の時代を迎えて

2019年4月小山嘉昭

第一章　敗戦の記録

いたましい戦争被害

　第二次世界大戦は、日本においては、1941年12月8日から1945年8月15日までの3年9カ月の期間にわたって遂行された。

　この間、日本人の戦争犠牲者の数は実際にどのくらいの規模だったのだろうか。

　外国の調査機関を含め数々の推計が存在するが、一番よく引用されるものは、1963年（昭和38年）5月14日の閣議決定「戦没者追悼式の実施に関する件」における統計である。それによると我が国の**戦没者の総数**は約312万人であった。内訳は軍人が212万人、民間人が100万人（注50万人から100万人までという幅を持って公表されている。）であり、合計で312万人である。このうち海軍を中心に行なわれたいわゆる太平洋戦争に関係する戦没者は155万人であった。

　日本のそれまでの戦闘での死者は日清戦争（1894年7月〜1895年3月）が1万3,800人、日露戦争（1904年2月〜1905年9月）が11万5,600人、第1次世界大戦（1914年7月〜1918年11月）が300人（注 日本はほとんど大戦に参加していない。）であり、第2次世界大戦における戦没者312万人という人数は我が国1600年の歴史のなかで突出して巨大なものであった。

　日本軍人の人的損失212万人には、戦闘による死亡174万人と降伏後の捕虜の死亡38万人がこれに含まれる。捕虜での死亡が意外に多いという印象を受ける。以上は死者の数であるがこれに重度の負傷者も含めると想像を絶する膨大な人数に上ることになるだろう。まさにこの世の地獄が現実に起きたのである。

　そして、政府発表において、軍人・軍属212万人のうち病死者、戦地栄養失調症による広い意味での餓死者は合計で127万人であった。戦没者全体の60％強という割合であり恐るべき高い水準を示している。飢餓という極限のなかで戦いの最中に亡くなられた方々を想像すると深い感慨が残る。日本の軍当局が、食料、医薬品、軍需品などの補給（軍事用語でいう兵站（へいたん））についてしっかりした体制を敷かずに膨大な数にのぼる国民を戦地に

駆りたてていった、まことに無謀な戦争だったことを示している。

民間人等も含め、個別にみていきたい。

悲惨な戦闘の代表例である沖縄戦では一般住民9.4万人を含め戦没者数は合計24.4万人にのぼった。ひめゆり隊の悲劇、子供を抱えたまま断崖から海に飛び込もうとする母親の写真等は我々の脳裏に焼きついて離れない。

サイパン島では3万人の兵隊が玉砕し、民間人も1万人が犠牲になった。玉砕とは何か。敵に完全に包囲されながら艦砲射撃、火焔兵器等で一人残らず殺されていくのである。思っただけでもぞっとする。

酷寒不毛の地シベリアなどには60万人が抑留され、その中で栄養失調等によって6万人が犠牲となった。

米軍の戦略爆撃による日本の民間人の犠牲者数は39万人（注 米軍発表では30万人）である。

1945年末までの原子爆弾による死亡者は広島市14万人（当時の人口32万人）、長崎市7万人（同21万人）であった。原爆の悲劇はこの世に起こったこととして到底筆実に尽くしがたい。

延べ1千万人が兵士として戦争に駆り立てられた。これは日本人の男子総数の4分の1であり、ほぼ2世帯に1人強の割合で出征兵士を出したことになる。

物的損失に目を移すと、戦争によって沈んだ艦艇は420隻138万トン、撃墜された航空機6万機、世界に雄飛した9,300万トンの商船隊はその9割にあたる8,620万トン、235隻が沈没等により多くの人命とともに海の藻屑と消えた。

国民が被った被害

かろうじて生き残った国民にとっても戦争の被害はまことに深刻だった。

経済安定本部（1948年2月）によると、1945年8月価格で国富合計2,946億円のうち損失したものは非軍事的国富653億円、艦艇・航空機404億円であり、残存した国富は1,889億円であった。すなわち戦争による建築物・港湾・鉄道などの物的資産の被害は25％、軍事的資産を加えると36％におよび、戦争により被害を免れたのは全体の約3分の2（64％）にすぎないという酷いも

8　第一章 敗戦の記録

のだった。工業生産設備は30〜60％ほどが空襲によって被害を受けた。終戦時の経済活動の水準は戦前時の1935〜37年平均を100とすると、消費財生産は24、生産財はわずかに8であった。当時の経済は全くと言ってよいほどの機能不全に陥っていた。

　米軍による日本本土への空襲は大型戦略爆撃機Ｂ29等からの焼夷弾投下による無差別攻撃が1944年11月からはじまり終戦当日の1945年8月15日まで続けられた。

　1945年3月10日の東京大空襲では東京下町地区は火の海となり一日で約10万人の民間人が命を落とした。東京はその後も連日のように激しい爆撃に襲われた。東京だけではない。大阪、横浜、浜松、静岡、名古屋、神戸、呉、北九州、福井、仙台、熊本、郡山、倉敷、鹿児島など地方の主要都市は例外なく膨大な火力を持つ焼夷弾の絨毯（じゅうたん）爆撃にさらされた。

　B29を主力とする米軍による1,600回に及ぶ本土爆撃によって全国200以上の都市が被災し、東京の50％、横浜の40％、名古屋の30％が壊滅し、総戸数の約2割にあたる建物が被災し、250万戸が廃墟と化し、1,500万人が家を失った。死者は全国で30万人に上り、100万人の市民が死傷したと記録されている（米国戦略爆撃調査団報告等による集計）。

　1945年度の米（こめ）の収穫量は労働力不足、肥料不足などで4,000万石（平年作は6,000万石台）にまで減少し明治末年以来の大減収となった。食料輸入の道がないことも手伝って**食料難**は深刻だった。翌46年になると食料事情はさらに悪化し、国民の間で栄養失調が一般的となり、餓死者も出た。この数年間を食料面でなんとか切れ抜けられたのは奇跡以外のなにものでもない。

北方での戦闘　　最悪の国難は回避

　私が今日注目するのは、終戦前後の極度の混乱期において現実に展開された北方での戦闘である。

　原爆投下に続いて、1945年8月8日、ソ連は日ソ中立条約（翌年4月までが期限）を破って日本に対して宣戦布告し、8月9日には大陸において突如ソ連・満州の国境を越えて怒濤のごとく攻撃を開始した。樺太においても同11日に

第一章　敗戦の記録　　9

本格的な侵攻が開始され、これを迎撃する日本軍との間で終戦日の8月15日以降も戦闘が継続し、むしろ拡大して行った。日本軍にはもはやこれをくい止める戦力も気力もなかった。この重大な時期に**外交**は全く機能していなかった。そんな中、8月18日、極東ソ連軍総司令官ヴァシレフスキー元帥は2個狙撃師団に対して北海道本島上陸命令を下達した。しかし、幸いなことに他の命令によってとりあえず実行されることはなかった。ソ連軍は24日には樺太全土を占領し、8月29日には択捉島、9月1〜4日に国後島・色丹島の占領を完了した。

つまり、ソ連の日本本土である北海道本島への侵攻はまさに寸前の状態だったのである。

日本の外交は対米国に足をとられ、北での収拾に尽力するだけの余力はなかった。米国とソ連との関係からソ連がそれ以上の南下侵攻を行なわなかったので日本は事なきを得ただけのことである。

仮に、ソ連軍が北海道に少しでも進駐していたら、その兵力対比から北海道全島を武力制圧するにはさほど時間はかからなかったはずである。事実、ソ連は、対ドイツ戦線において連合国側とともに勝利した後、当時世界を相手にして唯一交戦していた日本に向けて膨大な軍隊をシベリア鉄道経由で輸送していた。北方での戦闘が一カ月でも長びいていたら、戦後の日本の占領・統治模様は、歴史が辿ったよりもおそらくさらに著しく複雑・悲惨なものになっていただろう。日本は、ドイツや朝鮮半島などと同様に米国等連合国側とソ連側との共同統治、すなわち分裂国家になっていた可能性は否定できない。分裂した東西ドイツ、南北朝鮮、そして戦後「鉄のカーテン」により共産主義国側に囲い込まれたポーランド、ハンガリー、チェコ、ルーマニアなど戦後長らくその軛（くびき）に悩み抜いた現実の姿を見ると、当時の事態の深刻さに驚愕を覚える。日本は寸でのところでさらなる致命的な国難を免れたのである。

北方において現実に起きた出来事は、外交が崩壊したときの悲惨さ、そして今日もなお、外交というものが国民にとっていかに大切かを如実に物語っている。

なぜ戦争は起きたのか　　流れができてしまう恐ろしさ

　国家財政における軍事費の比重は、1926年ごろは20％台であったが、その後逓増し、1938年には76．8％、終戦の前の年である1944年には実に85．5％にまでなった（遠山茂樹外「昭和史」（岩波書店））。何人も戦費の年々の累増を止めることはできなかった。戦争への「きっかけ」がひとたび生ずるとそれは増殖しあとは無秩序な混乱による終局が待っていた。それが戦争の本質である。

　それでは、無謀ともいえる真珠湾攻撃等の太平洋戦争は何故起こったのだろうか。

　後に旧軍関係者が多くを語っている（たとえば、戸高一成編「海軍反省会」第一巻〜十巻ＰＨＰ社）。

　太平洋戦争に至る原因をまとめると次のとおりである。

　遠因からはじめると、幕末に東洋の大国中国が阿片戦争等の諸紛争で欧米各国になぎ倒されたという現実を目のあたりにして、日本は、列強に並び立っていけるだけの国づくりの必要性を国民全体が痛感し、富国強兵に向かって突き進んで行った。当時、それ自体は決して間違っていたとはいえない。そして幸運も手伝って日清、日露の戦争に勝利し、アジアにおいて帝国主義的な主役に躍り出てしまった。「坂の上の雲」を目指し、それにとりつかれてしまったのである。これらの勝利体験は「日本は負けない。」という確信めいたものを生み出し、その後の統治機構に神がかった形で大きな影響を与え続けた。

　陸軍と海軍との宿命的とも言える確執も直接・間接の導因になった。創設以来引きずってきた両軍の強烈なライバル意識、人員の確保、石油、予算・財源の取り合いなどで両者間に抜きがたい敵対意識が生まれた。そして、陸軍に対して戦争政策で主導権をとろうと焦った海軍が真珠湾奇襲攻撃の実施へと動いてしまったのである。国としての総合的な熟慮を欠いた、縦割り社会の致命的弊害をここに見ることができる。

　情報面では、ナチスが電撃的に欧州大陸全体を軍事制圧したかにみえた段階で大島駐独大使（陸軍出身）の打った電報内容等を鵜呑みにして「バスに乗り遅れるな」を合い言葉にして日独伊三国同盟に走り、米英等を敵にす

第一章 敗戦の記録　　11

る流れを作ってしまった。国際政治情勢に対して表面的な分析しかできていなかった。

「英・仏」対「独ヒットラー」との対立軸に関心が奪われ、もうひとつの実質的な当事者であった米国、ソ連の政治体制やその独自の思惑を明らかに読み切れていなかった。議会や国民に対して何度も米国の参戦を強く否定していたルーズベルト米国大統領が内々欧州大陸をはじめとする戦線に参加する意向をもっておりそのきっかけを日本に関して探っていたことが後に関係者の証言で明らかになっている。真珠湾攻撃はルーズベルトに大戦参加へのこれ以上にない口実を与えることになった。

　そして、軍部は、宣戦布告した相手国が自国の**経済力**の10倍もあることにさしたる配慮を払っていなかった。総力戦研究所（初代所長星野直樹）などから客観的分析が軍部中枢に届けられていたが軍部は聞く耳を持たなかった。精神力でなんとかなるという神がかった思想が浸透していた。第一次大戦ですでに戦いは軍事勢力同士のぶつかり合いというよりは国の経済力がものをいう時代になっていたという現状認識がまことに希薄だったのである。

　そして残念なことに、はじめから戦争をどう終結させるかという展望を全く持たないまま、戦争に突入してしまった。緒戦の戦法しか頭にないまま、つまり、**緒戦**に勝つことばかりを考えてそれ以外を思考放棄してしまったのである。山本五十六連合艦隊司令長官が近衛文麿総理大臣に語ったとされる「是非やれといわれれば、はじめの半年や一年は、ずいぶん暴れてごらんにいれます。しかし二年三年となっては、全く確信が持てません。」との言葉がその全てを物語っている。

　戦争指導者の間に局面の収拾についていささかも具体的な心づもりがなかったのである。

　この大戦を振り返ると、開戦は1941年12月8日の真珠湾攻撃であるが、そのわずか6カ月後の1942年6月に日米が雌雄を決するミッドウエー海戦が行なわれ日本海軍は致命的な大敗北を喫した。緒戦の奇襲による勝利の成果は一年どころかわずか半年しかもたなかったのである。しかもこの海戦における決定的な敗北の事実は山本五十六長官の下で完全に黙秘されていた。国民は、その後も含め全体の戦況を正しく判断できない状況に置かれたままであった。

そのあと終戦までの約3年間はただただ悲惨としか言いようのない人的消耗戦に終始した。

　特に、44年7月、サイパン島玉砕を受けて東条内閣が総辞職してから終戦までの約1年間は、1945年3月に東京大空襲、5月にナチス・ドイツ全面降伏のあとは日本だけが世界全体を相手に闘うという世界史上でも希有な展開となりながら本土決戦作戦（1944年1月の最高戦争指導会議における決定）に則って戦い続け、6月に沖縄全滅、8月に広島、長崎への原爆投下と続く。まさに国土が現実に焦土になって初めて敗戦を受け入れたのである。いかにも時間を空費し、貴重な人命を数限りなく失ってしまった。敗戦を**決断**することを先延ばししようとする無責任な戦争指導者の態度により国民の受けた戦争被害は何十倍にも増加してしまったのである。

　20世紀前半の時代は、世界中においても、正常だった人間が何かをきっかけとして集団で「狂気に走った時代」であり、それはいくら反省しても、し足りるものではない。人間は、本来、人を殺したり、傷つけたりするなど決してできるものではないはずである。

　歴史は、どんな名目があるにせよ、ひとたび戦争への小さなきっかけができてしまうとそれを収拾するのが極めて難しいことを物語っている。戦争は、いかなる理由にせよ絶対にしてはならない。

　我々現世代の日本人は、こうした、わずか70〜80年前に現実に起こったことを深く心すべきである。そして、それこそが日本の現在および将来を考える際の、原点の中の原点なのだと思う。

第一章　敗戦の記録　　13

第二章 戦後の金字塔
日本の経済成長

経済成長とは何なのか

　そもそも経済成長とはなにか。それは何によってもたらされるのか。

　経済成長とは、科学技術の発展や進歩的発想によって国民一人あたりの生産量が増加し、経済構造の変化が促され、その相互作用の過程で国民一人一人の所得が増加し、その国の富が増えることを意味する。ただし、1年余りの経済の拡大は景気変動における上昇局面（好景気）に過ぎず、経済成長という以上はそうした状態が2〜3年程度以上は継続することをいう。

移り変わる「経済成長」の位置づけ

　次の点を予め吟味しておきたい。

　まず、「経済成長」という概念は経済が後発・後進の状態から脱皮する過程では大変優れた政策目標であり、社会がよりよくなっていくための有効な手段である。このことは論を俟たない。しかし、経済がそうした過程を終え、十分に成熟した状態に達したあとはその意義は少しずつ薄れていく。人々を駆り立てて一定水準の繁栄をかちとるまでは大切にすべき国家的目標かもしれないがそれが成就したあともなお国家を誘導していく主役としての役割を期待してよいかといえば必ずしもそうではない。繁栄を得た後の時期に引き続き経済成長重視に過度に依拠していくと、過剰消費（バブル）、資源配分の歪み（たとえばコスト対比からみて価値の低い分野への公共事業の実施）、資源・エネルギーの枯渇、環境破壊、飽食、無駄の蓄積、など弊害の方が大きくなりかねない。したがって経済成長という概念は時代を越えて常に最も有効なものではなく、ある意味で時代の産物にすぎない。代わって「満足度、幸福度、福祉（ウェルフェア）」などの諸概念が出てくる所以である。

　問題は失業との兼ね合いである。働く意志を持ちながら職がないというのは所得の喪失を意味し、生活難を招き、その人にとっても家庭にとって

も大変不幸な状態である。失業を抑制するためにこれまで経済成長型経済政策がよいとされ、就業機会と経済成長とが強い関連性をもって論じられてきた。しかし、今日の日本は、ほぼ完全雇用をすでに達成しており、失業は経済成長の問題よりも求人と求職のミスマッチの解消やワークシェアリングのあり方といった側面が強くなっている。

　そして経済成長と**経済構造の変化**とのあいだにはかなり直接的なつながりがある。経済成長は構造変化を大規模にもたらす場合に最も本格的なものになる。たとえば、農村から都市に人口が移動し、経済の重心が農業から、製造業、さらにはサービス産業へと移行する状況のもとでは高い経済成長率が記録される。また、生産が自家消費中心から市場向けに変わり、国内取引中心の経済から外国貿易の比率が高まるといった構造変化が起きる過程でも経済成長はより力強いものになる。こうした動きは、結局、構造変化、技術革新、制度の改変、政府と民間との関係等を通じて観察される。高度成長を達成する初期条件は、経済そのもののなかに旧式の余剰分野を抱えているということである。

　そして、高い成長時期が続くとストック調整原理(高い経済成長が続くといずれ財貨・サービスが市場に溢れ飽和状態になり、需要面の拡大が自然に逓減し、それにつれて供給面でも増加が頭打ちになる現象。設備投資においてこの現象は顕著に現れる。)が働き、経済の成長はいずれ減速していくのが通常の姿である。その後、成熟経済は潜在成長率の水準を中心軸として多少の膨張と縮小をくりかえす低成長経済の路線に入る。

　世界経済は現在3．5％（2018年推計値ＩＭＦ試算）という比較的高い経済成長を記録しているが、その寄与の多くは、発展途上国が、日本が過去に示した高度成長期と同じように先進国に追いつこうとする過程で生じているものである。

我が国の経済成長は減速しつつ安定状態へ

　日本の経済の軌跡を実質経済成長率の変遷で見て行こう。終戦後から現在まで過去70年間を振り返ると我が国の経済成長はおおよそ4つの段階に仕分けすることができる。

第二章　戦後の金字塔日本の経済成長　　15

まず、戦後の復興期である1946年度から1955年度までの10年間は、
　　年平均経済成長率は9．0％であった。

日本経済が高度経済成長軌道に乗った1956年度から1973年度までの17年間は、
　　年平均経済成長率は実に9．1％を記録した。

2度の石油危機を経て安定成長期に入った1974年度から90年度までの16年間は、
　　年平均経済成長率は4．2％にまで減速した。

成熟経済や人口が増加しない時代に入った1991年度から2016年度まで25年間は、
　　年平均経済成長率は0．9％で推移している。

　ある意味で、成熟経済に至るまで絵に描いたような経路を辿ったように見える。

戦後の我が国の高度経済成長要因、そのすべて。

　日本経済は、占領経験、資源小国、人口過多等、一般にいわれていた幾多の不利な点を克服しながらも経済成長を達成し大きく姿を変えていった。西欧文化を大きく取り入れながらもなお、日本の伝統的な手法なり企業文化なりを残している点で世界各国から成長経済の成功例として多くの支持を得ている。今日とは時代環境が大きく異なっているが、それでも「成長」を考える際に当時の高度成長モデルは日本経済のＤＮＡ（遺伝子）として、何にがしかの参考例を提供しているはずである。

　まず、敗戦そのものが経済成長のバネになったということである。敗戦によって国土は焦土と化し、**どん底の状態**から出発したという事実そのものの中に後年の経済成長の動力を見い出すことができる。焼け跡の真っ只中に立ちすくみながらも人々は平和で明るく豊かな社会の建設に向けて第一歩を踏み出した。古い施設が戦争で破壊されたために新しい施設や技術を白地に絵を描くように導入することができた。

　復員軍人・引揚者700万人を含め**労働力**は極めて豊富だった。経済の建て直しは、日本人が総動員で焦土を耕し野菜や穀物を確保する泥まみれの労働から始まった。これが原点だった。日本人が巨大な危機を前にしたときに発揮する特有の偉大な努力の原型をここに見ることができる。

16　　第二章　戦後の金字塔日本の経済成長

そして、戦後の占領軍司令部（ＧＨＱ）により極めて**野心的な制度改革**が行われた。帝国軍隊の解体、平和憲法の制定、財閥の解体、農地改革、独占禁止政策の実施、所得税中心主義など税制近代化への変革（シャープ勧告）、インフレ抑制のためのドッジプランの策定など矢つぎ早やに優れた施策が打ち出された。1950年から始まった朝鮮動乱において出動した米軍の物資補給、艦船修理などの注文・需要が大量に日本企業に寄せられ、折からの占領当局（ＧＨＱ）の対日政策の転換（日本を厳格な枠の中で極力抑制的に管理する方向から、対共産主義国家への防波堤として日本の経済力を増強して行こうとする政策への基本的転換）とあいまって日本経済は一気に浮揚していった。

　1955年には生産水準は早くも概ね戦前の正常時の水準に戻り、資本蓄積を増やした日本経済は終戦後の10年間、平均して9．0％という予想以上に高い経済成長率を記録した。当時の政府による経済白書は1955年をもって「もはや戦後ではない」と宣言している。

　戦争指導者が職場から一斉に追放され、これに代わって**新しい有能な人物**が輩出し、これらの人々が若々しい柔軟な発想で戦後の日本を主導していった。

　日本人は、本来自分たちの過去を自己否定するのは不得意な国民であり、もし、全く自らの手により再生を期したとすれば時代後れの部分を温存しながら妥協の産物のもとで再出発していたに違いない。しかし、外来の米国人がＧＨＱの超法規的権力に基づき果断に改革を主唱したのである。もっともこうした決断を受けてそれを徹底して末端までやってのけたのは日本人そのものであり、それをやり切った意義は大きい。「外圧」を巧みに利用して内部改革（新生日本づくり）を積極的に推進するやり方の萌芽がここにみられる。

　戦争の惨禍が身近な体験としてあったために徹底して**平和志向**をとり、軍備拡大に関心を持たなかったことも特筆に値する。平和国家への道を選んだ結果、人、もの、資金が民需志向の形で投入され、防衛費の負担を軽くして国民生活の豊かさを現出させる要因になった。

　次に、日本人の同質的な国民性、**勤勉性**などの人的な面が挙げられる。

　日本人は目的意識が強く、共同体本位の行為を遂行することができる。均一なので同一目的に向かって団結が容易であり、チームプレーが発揮でき

第二章　戦後の金字塔日本の経済成長　　17

る社会的素地があった。

　それだけに平等意識が強く、他人が努力しているなら自分も当然に努力しようという心理状態となり、極めて競争的な状況を生み出した。もともと勤勉で等質の国民性がこの時代に実にプラスに作用した。

　また、長年にわたる**教育重視の風土**のなかで国民一般の教育水準がもともと国際的に見ても高く、良質の労働力を提供し続けた。また、教育と不可分の道徳教育において儒教等の影響から勤勉を旨とする国民性が存在していた。歴史を振り返ると、日本人はどんな苦境のときでもけっして子弟への教育は怠らなかったということができる。

　そして、国民性から個々の人が仕事に対して**柔軟性**に富んでいたことが挙げられる。どんな仕事を与えられても自己研修に努めて柔軟に対応した。単身赴任や、理科系でも販売部門を進んで引き受ける変わり身は、企業に柔軟で意欲的な経営戦略をとる基盤を提供した。こうした柔軟性は欧州諸国と比較すると多分に国民性に基づくものといえる。

　企業および企業における**労使**がともに優れた対応したことも印象的である。当時、主要資源を低生産性分野に振り向けさせようという圧力が比較的少なかったとの指摘がある。その主役は民間企業のダイナミズムであった。そして、各産業のなかでの競争が生き残りを掛けた熾烈のものとなり、企業間において生き生きした競争が展開された。企業自体も皆若く、寡占、独占の状態にはならなかった。さらに、企業には海外からの技術を学ぼうとする姿勢が強く、積極的に欧米から最新の生産、流通、販売技術を習得していった。当時は米国や欧州から比較的安い価格で技術を入手することができた。

　日本の経済成長が短命に終わらなかったのは**高い技術力**があったためである。技術は初めは借り物だったかもしれないがその技術を組み換えて消化できる高い基礎技術と教育レベルを擁していた。また、日本人には先進国にキャッチアップしようとする気迫、意志が存在していた。

　労働力だけでなく、資本も**流動性**が高かった。労働者側が企業側の将来見取り図に理解を示し会社計画をバックアップした。こうした柔軟性は社会の各相に顔を出し日本の適応力を強める役割を果たした。

　また国民性を基礎にして**日本独特の労使慣行**が成立していた。長期雇用

制度、年功重視型人事・給与体系、労使協調体制などはその典型である。企業側が労働者の雇用・職場環境の改善に精一杯の努力をした実績等に基づいて、労働組合が生産性向上の範囲内の賃金要求を行なったことが企業活動に大きく貢献した。もちろん、日本の労使関係は戦後はじめから協調路線を歩んだものではなかった。日産争議、近江絹糸争議、三井三池争議などの激烈、かつ、暴力的な労使対立の過程を経て、いわば産みの苦しみの中で確立していったものである。労使一体となって企業活動を推進し、欧米諸国においてイデオロギー的に労使が鋭く対立しストライキが多発し生産がしばしば頓挫した状況を尻目に日本商品は世界の市場においてシェアを伸ばしていった。

　企業優遇の税制が企業に雇用される労働者数の増加を背景にして国民の支持を受けた。また、政府が経済成長を政策の中心に据え、国民がはっきりと経済成長を目標にして動いた。池田勇人内閣の所得倍増計画は非凡な価値を有している。また、この間、比較的政治が安定していたことも幸いした。

　金融機関の寄与も我が国の内外から高い評価を受けている。伝統的に政策面で低金利政策がとられ、日本企業は金利コストの面で恵まれた状況にあった。銀行がリスクをとる形で潤沢な資金を供給した。その際、銀行が企業を金融面からきめ細かく助けた。

　外資導入が重要な役割を果たした。当時は外貨が不足し、国際収支の天井が経済拡大の上限を画していた。そのため、政府・大企業等は世界銀行等の公的な国際金融機関から積極・果敢に借り入れていった。世界銀行からの借り入れは1953年の関西電力多奈川火力発電プロジェクトを皮切りに1966年の東京静岡間高速道路プロジェクトにいたるまで総額8．6億ドルに及んだ。当時としては返済能力も考慮すると破天荒の額である。川崎製鉄千葉製鉄所、東海道新幹線、東名高速道路、関西電力黒部水力発電所の建設等、高度成長を下支えした今日の名あるインフラストラクチュアー（国土基盤）はこうした外資導入により完成したものである。ちなみに日本は過去における巨額の世銀借款等を期間内に見事に完済し終えている。

　国際環境が有利に働いた。初期条件の一つとして1950年に朝鮮動乱が勃発し日本企業への大量買付けが生産拡大に弾みをつけた。また、当時の輸

第二章　戦後の金字塔日本の経済成長　　19

出先である米国市場は膨大な消費需要を抱えており日本品をいとも簡単に吸収していった。日本は最も成長率の高い商品を最も成長率の高い市場に向けて輸出できたことになる。そして世界貿易は順調に拡大しリスクの少ない環境が整った。ガット・IMF体制が整備され、金融環境が世界的に整備された。

1949年に設定された1ドル360円の固定為替レートが日本に有利に作用したことも挙げねばなるまい。日本製品は割安に米国市場に入っていくことができた。

日本人の**高い貯蓄率**の果たした役割も大きかった。貯蓄率は1061～70年平均では約20％であり、当時の米国6％等欧米諸国に比して隔絶して高い水準を維持した。日本人は元来、将来に備えて消費を節約する勤倹貯蓄の気風を有しており、これらの貯蓄が金融機関や政府の財政投融資を経由して国内の企業の設備投資や鉄道網の整備、港湾、道路、工業団地の造成等に投下されていった。

旺盛な設備投資は需要面で経済を支えたばかりでなく、新しい技術を取り入れ、高い需要に見合った供給力を作り出した。これが日本の労働生産性を高めた。当時トランジスター、テレビ、テトロン、火力発電などが導入され、このような新商品の開発と量産体制の整備のために設備投資が鉄鋼、石油化学、重電機など当時の成長産業分野で活発化したことが経済成長の原動力になった。

我が国における国土等の自然環境が有利に作用した。**良質な港湾**に恵まれ世界の各地から船舶による物資輸送において極めて有利な立場にあった。造船が程なく世界最大のシェアを挙げるまでに成長し、それを背景に海運が発達し、海洋国家日本の地位を確立した。世界各地から最も有利な条件で原材料を入手できたのも発展を助けた要因の一つである。実際、海外から廉価で豊富な資源・原材料供給がなされた。太平洋の向こう岸であるカナダ、オーストラリア、チリ、米国等から良質の原材料が大量に運ばれてきた。

設備投資、公共投資は**太平洋ベルト地帯**に経済諸量を集積し、世界に類のない大規模な工業地帯が形成された。おそらく当時世界で最も効率の高い広域生産基地であった。

我が国において日本人が**消費者**として意外に速く成熟していったことも大きな要因である。日本人は消費者として貪欲によりよい商品へ強い関心を持ち続けた。分厚い中産階級の形成を背景にして黒白テレビ、電気洗濯機、乗用車等の耐久消費財購入ブームが起こり、これが企業活動を活発化させるとともに所得水準の増加によるさらなる消費意欲の増大をもたらすという良循環が形成され、日本における高度経済成長を確固たるものにした。

　中産階級が大多数を占めるに至った背景として人口の増加が適当な水準にとどまったことが挙げられる。日本は戦後、過度の人口増加を抑制することに成功し、1947年に1,000人あたり34人という出生率は優生保護法指定病院制度が設けられた結果、わずか数年で1,000人あたり20人の水準にまで下がった。

　以上が、過去における我が国の高度経済成長を支えた主な要因群である。

最近における日本の経済成長　　低いことに理由がある

　その後、日本経済は1973年からの2度にわたる石油危機（オイル・ショック。エネルギー資源である石油の極度の入手難）を契機としてこれまでの高度経済成長時代が終焉し、明らかに安定成長、さらにはこれを経由して低成長・成熟経済の時代に入った。そして現在、この25年間の日本経済の実質経済成長率は年平均で0.9%となっている。

　1%内外という数字は低いかもしれない。しかし、欧州主要国であるドイツ、英国、フランスも過去15年間の平均が1.1%（フランス）～1.6%（ドイツ）～1.8%（英国）程度であり、我が国の潜在成長率を基礎づける労働人口の状況を考慮すれば、最近の日本の経済成長率はさほど不自然な姿とはいえないと思われる。

　日本では人口の増加が止まり、それどころか世界の歴史でも例を見ない人口の少子高齢化が進行している。実際に労働に従事することが可能な労働力人口（当初は15歳～55歳現在は20歳～65歳）の絶対数が減少している。

　我が国の潜在成長率（労働力、資本、生産性という3つの要素をフルに稼働させた場合に達成される仮想上、計算上の成長率）については種々の推計・試算がなされてお

り、2010年以降の年平均成長率でみると、内閣府の推計が0．2％、日本銀行の推計が0．4％、ニッセイ基礎研究所の推計が0．5％、となっている（斎藤太郎「日本の潜在成長率は本当にゼロ％台前半なのか」ニッセイ基礎研究所）。潜在成長率そのものがかなり低い水準になっていることを十分に考慮しなければならない。

　日本に特有の事情があるとすれば、それは、商品・サービスの購入において**土地の空間制約**の観点から消費・投資が頭打ちになったり、都市中心部面積の手狭さが足枷となって潜在需要がありながら拡大のために手が打てないという厳しい現実があることである。着ている服が小さすぎ、服（土地の在り方を含む壮大な社会の仕組み）を変えない限り次の中期的成長を用意することが難しいのではないかという懸念である。たとえば、二、三台目の乗用車を買える財力を持ちながら宅地に駐車スペースがないので実現できないとか、オーディオセットや電気製品などをより多く置きたいのだが部屋が狭いので断念しているとか、高齢者を抱えて介護設備を設けたいのだが家が狭くてそれも叶わない、とか、二所帯で住みたいのだが適当な宅地を手当てできない、などである。結局、制度から来る土地の狭さが消費の低い天井をもたらし、より豊かな生活を阻害している。

　都市の大改造などにより土地の状況が抜本的に改善できないということであれば、我が国の現下の人口動向を踏まえれば今日の経済の実情はある程度受け入れざるを得ないと考えられる。むしろ、あまり高望みしすぎて実力から見て無理に高い成長を指向することから来るひずみこそ警戒するべきである。

　これとは別の次元の問題であるが、経済学者のごく一部からではあるが、今後は成長しない**定常状態**（ゼロ成長）の経済でよいのではないかとの声もある。経済活動の質を高めていけばよいのではないか、との立論であり、量より質への転換を説く考え方である。しかし、定常状態を前提にして経済政策を行なっていけば、その行く手には間違いなくデフレ経済へのスパイラルな展開が待ち構えており、ゼロ成長を維持できるどころか大きく縮小均衡への道を辿ることになりかねない。デフレ経済はそこからの脱却が容易でないことは長い歴史が教えるところである。得策とはいえまい。経済成長のある程度の低さは仕方がないにしてもあくまでも「身の丈に合った

経済拡大」（潜在成長率を基準にしてそれよりもいくぶん上の経済拡大）は目指していく
べきであると考える。

第三章　国土、土地、住宅

複雑で起伏の激しい国土

　日本の国土は、地球上の緯度としては北海道の北端の北緯45度から、九州の南端北緯24度を経て小笠原諸島沖の鳥島北緯20度に至り、南北の距離は25度（2,750キロメートル）に及ぶ。また、東西は島々の存在によってこれよりさらに長く東西緯度で31度（3,440キロメートル）に及ぶ距離を有している。

　日本列島の地形は実に複雑である。平野と山地とが複雑に絡み合っている。山地の起伏も大変大きい。3千メートルを越える日本アルプスの山脈が日本列島の屋台骨を形成し、2千メートル級の山が随所にある。ちなみに英国本島の場合、いちばん高い山は標高1,300メートル。

　我が国の地形は専門家によるとギリシャに似ており、スイスとも多くの共通点を持っているとのことである。山地の高度が山体の面積の割には高く、したがって、**急斜面**が多く起伏が大きい。河川は概して急勾配で谷の横断面はＶ字形のものが多い。これは日本列島の造山活動が激しく、また台風や集中豪雨などの浸食作用の激しさを物語っている。山の多い地形であり平地は全国土の4分の1にすぎない。その狭い平地に接する比高の大きい山地から搬出される砂礫によって河口には扇状の平野があちこちに見られる。そうした平野に都市が発達しているが、平野のうち面積の大きいものは関東平野、大阪平野など限られた数にすぎない。多くの都市は周囲を緑の山に抱かれ、海や川、湖に面し、また、海岸線は入り組んでおり海とは広い接点をもつ。

　東京及び首都圏を擁する関東平野を国土のほぼ中央に持ち、その西には中部平野、大阪平野、福岡平野、東には仙台平野、北には越後平野などが展開し、高度に発達した交通網、通信網、工場立地が濃密に張りめぐらされている。日本列島の太平洋沿いには太平洋ベルト地帯とよばれる比較的広い平野部分が存在する。ここに世界でも有数な工業地帯が発達している。

また、国土は橋梁、トンネル、切り通し、迂回、段差の処理、自然の湧き水の処理などを要する**複雑重層的な構造**である。鉄やコンクリートを多量に吸収する土地柄であり、建設事業の対象範囲は潜在的に見て広大だ。尽きせぬほど膨大な建設需要、内需の余地を今なお分厚く残している。

四季折々の気候

　加えて、日本では一年を通じて春、夏、秋、冬の四季がはっきりしており、季節の移り変わりが明瞭である。日本人は四季による自然の変化に特に敏感な民族といわれている。四季に応じて衣、食、住を変えていく。旬の食物を味わい、風景の移り変わりを楽しむ、といった習慣がある。生け花、茶の湯、俳句、小説などでは季節感が重要なテーマとして取り扱われている。一年を通じての四季の変化は人々の日常活動に刺激を与え、経済の躍動を促す要因にもなっている。

　日本列島が大陸と大洋との境に当たる地域に所在するため、冬は大陸から海洋へ北西季節風が、夏は海洋から大陸に向かって南東または南西季節風が吹きつける。冬から夏に、夏から冬にかけてほぼ正反対になる**モンスーン**といわれる風の下にある。冬は東シベリアからの低温の風により気温は下がり、夏には太平洋からの湿気を吸った季節風のために蒸し暑い。

　冬にはシベリア奥地から大陸を渡り日本海を越えてくる季節風が、暖流が北上してくる日本海を渡り来る過程で水蒸気をたっぷりと吸い込み、日本列島の高い山脈にぶつかって日本海側に大雪を降らせる。

　他方、太平洋沿いの表日本では冬は雪が少なく乾燥した日が続く。経済活動が雪の影響をほとんど受けないことから北半球では珍しく冬季でも経済活動が正常に機能する立地条件にある。冬に訪れる寒さはさほど厳しくない。その結果、日本列島の大部分は長い植物生育期間を保ち、土地資源にもう一つの次元を加えている。

　豊富な樹木、草花に恵まれ、春は桜、秋は紅葉に彩られるなど一年を通じて各地に美しい風景が見られる。おのずと風光明媚なところが多い。

第三章　国土、土地、住宅　　25

かなりの面積をもつ国土

　我が国の国土面積は37万平方キロメートル。地球の陸地全体の面積が1・5億平方キロメートルであるから、わずかにその0・3％を占めるにすぎない。その国土の上に世界の全人口の1・8％、つまり56人に1人に相当する人が住み、ＧＤＰ（国内総生産）でみて世界全体の6％、すなわち、世界の17分の1に及ぶ経済活動を営んでいる（日本統計協会「統計でみる日本」2018等から算出）。人口密度、経済活動密度は世界でもかなり高い国に属する。世界地図の中にあって大きなエネルギーを生み出している地域なのだ。

　この37万平方キロメートルという面積自体はドイツ、イタリアなどとさして変わりない。現在、世界の国、195ヵ国の大半は25万平方キロメートル以下であり、日本は面積でいえばむしろ通常以上の大きさを持った国といえる。

　しかし、各国に比べて可住地面積は決して広いとはいえない。つまり、国土面積は狭くないのだが、そのなかで人が使える部分は極めて少ない土地柄なのである。私は過去に英国とルーマニアに住んだことがあるが、両国とも見渡す限りの平地が続く。山といっても日本流に言えば平地に近い丘の類がほとんど。いくらでも人が住む余地がある。しかし、日本の国土ではそういうわけにはいかない。人を寄せつけない切り立った山や谷が随所に見られる。

利用できる面積は決して広くない

　国土の利用状態は、森林が66．3％を占めている。湖等の水面・河川・水路が3．5％であり、人間が直接に使えない面積が以上合計で7割に達する。これに対して、人がすでに直接に利用している面積は全国土のうち、農地12.0％、宅地等の利用地が5．1％、道路が3．6％、その他が8．6％である。そして宅地等の5．1％の内訳は住宅地が3．1％、工場用地0．4％、その他が1.6％である。住宅地、公園、事務所用地、工場、道路など生活空間として利用している面積は国土全体の9％程度しかないことになる（総務省統計局「日本統計年鑑」平成29年版）。

また、別の切り口で見ると国土の6割が山地であり、山地に加えて火山地などを含めると7割になる。平野部や丘陵地等で利用可能な面積といえるのはざっと国土全体の4分の1。平野部だけであれば国土のわずかに14％である。飛行機で世界各国や日本の国土を上空から見ると、欧米諸国では都市の郊外に広大な牧草地や草原が延々と続きいくらでも人が住みはじめることができそうな空間が広がっている。ところが我が国の場合には山また山であり、海岸部や河川にそった狭い平野部に可住地、可耕地が集中している。人々が限られた場所に密集して住んでいるのが分かる。利用可能な土地はすでに利用し尽くされている感が強い。我が国の可住地は確かに狭いといえる。

力の限り行なわれた埋立事業

　日本人にとって、とうの昔からフロンティアなどなかった。狭い可住面積を前にして、日本人は海に向かって巨大なエネルギーを注いで埋め立て事業、干拓事業を実施していったのである。

　日本の歴史上国土建設を特徴づけるのは凄まじいばかりの埋立事業への情熱である。

　それは民族的にみてもオランダと並び、世界の歴史に残る規模のものだった。

　たとえば東京を例にとると、室町中期の扇谷上杉氏の老臣である太田道灌が1457年に江戸城を現在の皇居の地に築いた頃、江戸城は直接海に面していた。**徳川家康**は天下分け目の関が原の合戦に勝利したあと、1603年に江戸に幕府を開いた。このときに各藩の大名に命じて、現在の駿河台にあった神田山を切り崩して品川の洲崎を埋め立てさせたのを手始めに大規模な埋め立て事業を決行した。上野の山等から土が運ばれ現在の日本橋、銀座、京橋、神田から両国橋、浜町、八丁堀、新橋あたりまで広大な面積がしっかりと整地されていった。鍬で山を削り、遠路をモッコで担いで運び海に土を注ぎ込んでいったのである。その上に上水路を引き込み、道や運河を縦横に造り、住宅、商店等を建てていった。それは現代人からみても気の遠くなるような難事業だったはずである。

　日本人による埋立事業は東京だけでなく、全国的な規模で行なわれた。大阪市港区・大正区・此花区・住之江区、名古屋市港区、神戸市ポートアイ

ランド、福岡市東区、また日本国内で有数の面積を誇った湖である秋田県・八郎潟を埋めつくした干拓事業などはその好例である。

　全国ベースで過去において埋め立てられた総面積は1．85万ヘクタールであり、国土面積の実に0．5％に相当する、途方もなく広大なものである。

国の広さの長所・短所

　ところで、かつては国際社会において国が広いということは大国の象徴であり、うらやましいことと受け取られてきた。国土が広ければ資源があるはずだし、資源があれば豊かである、という発想が定着していたように見受けられる。しかし、今日、そういう発想は時代後れの様相を呈している。むしろ、国土が広いと資源、商品、電力等のエネルギーの輸送や供給に膨大な費用を要し非効率になる。移動や運送に多大の時間と費用がかかることを意味し、都市間を繋ぐインフラの整備に多大な経費を投入しなければならないわけである。

　その意味で我が国のように37万平方キロメートルという広さは小回りが効き地域連関が密で相互作用、相乗作用が働きやすいといえる。日本の場合、可住地あたりの活動は他の先進国に比べて高い。つまり、国土・地形の制約条件から望むと望まざるとに関わらず、人口、経済活動の集中化が進み、効率的ともいえる国土利用が行われることになる地形に住んでいるわけである。

変化する居住空間

　最近の世界的な現象として人々が快適に生活し、消費し、生産するにはさほどの面積はいらないという状況が生じている。適度に狭いと切迫感から優れた活気を生み効率性の高い営みが可能になるとの傾向が顔を出してきた。価値を生み、人々によりよい生活を保証する根源が、食料から製品、さらにはサービスにまつわる快適さや情報等へと移行していることを反映している。

　人間というのはまことに不可思議な存在であり、利便性を求めてわざわざ狭苦しい所に集中的に居住する傾向があるようだ。世界の都市の使用に

帰する面積は地球の表面積のわずか1％を占めるにすぎない（レスター・ブラウン「地球白書」ダイヤモンド社）。

日本では都市の面積は狭いという先入観があるが、果たしてそうか。ニューヨーク市の都市機能の大部分を占め超高層ビルが延々と建ち並ぶマンハッタン地区の面積は実は東京の都心四区の面積60平方キロメートルと同じである。しかも、人口密度はマンハッタンの方が2・6倍高い。また、ロンドンの中心街であるシティーは長い間わずか1マイル（1・6キロメートル）四方という狭い面積のなかに超高密度に都市機能を集中してきた。

都市は横に広がりを求めるよりは空に向かって垂直に高層化しており、それが21世紀型の快適な生活空間を提供しつつある。

効率的でない土地利用

我が国において国土の狭さが問題を生じているとすれば住宅の分野である。前述のとおり、日本の場合には住宅地は11．8万ヘクタール。これを総人口の1億2，700万人で割ると、人口一人あたり93平方メートルにすぎない。全国土面積に対してこのような割り算、掛け算を行っていくと我が国の宅地の狭いことが実感として伝わってくる。

住宅環境の貧困さについては、これは前述のように土地の絶対的な面積が過少であることが一つの原因であるとしても、それを上回る程度で我が国の土地政策・都市計画の立ち遅れに起因しているともいえる。有効な手が打てないままにここまで来てしまったという感が強い。

日本では都市の土地利用の仕方は決して効率的とは言えなかった。たとえば東京では建物は絶対数からいえば2階建ての建物が圧倒的に多い。また、共同住宅も1〜2階建てのものがかなりある。これを高層にすれば状況はかなり変わるはずである。また、我が国の都市には未・低利用地が高集積地のなかにあちこちに散在しているのが実情である。都市における旺盛な土地需要にもかかわらず、市街地には工場跡地や未利用地が数多く存在し、放置されている。全国の空き地、資材置き場、とりあえず屋外駐車場とされている土地などの**低・未利用地**は13万ヘクタール（国土交通省2003年「土地基本調査」）に及ぶ。また同じく三大都市圏では合計で約2・5万ヘクタールもの市街

第三章　国土、土地、住宅　29

化農地が存在している。

土地への負荷は下がる傾向

　先に挙げた国土利用統計はそのほかに多くのことを物語っている。例えば我が国の工業用地の合計は2008年において16万ヘクタールであり、国土に占める割合はわずか0．4％に過ぎない。三大都市圏ですら1．1％にとどまる。このことは製造業のために大した敷地を必要としないことを意味している。この狭い敷地のなかで世界の1割という大きな比重を占める製品が生産されていた。我が国は世界有数の工業国の地位を不動のものとしている。この国土からおびただしい工業製品を生産してきたわけである。しかし、工場の占める面積は合計するとわずかなものである。つまり、工場立地として日本の国土はそう狭いわけではないし、それほど広い面積が求められているわけではないということである。まして、製造業は明らかに巨大工場を設計企画する時代から、より整備されたコンパクトな工場を志向しており、膨大な工場跡地が不動産市場に放出されている時代なのである。

　さらにオフィス需要をみると、例えば金融機関が街の一等地に軒をならべて支店を構えた時代は過ぎようとしている。小規模店舗、機械化店舗が主流になっている。もう一つ、土地を大規模に使う産業である農業も、水田の転作が奨励され、また、野菜などはビニールハウス等による高能率栽培の比率が飛躍的に高まっており、農業からくる土地需要圧力は今後弱まると見てよさそうである。そう見てくると、今後の日本経済は土地に対する負荷は軽くなる方向に位置しているといえよう。また、このほかに都市部の**市街化調整区域**がある。これらの区域は長い間都市計画の線引きが固定されてきたために市街化区域に比べて地価が安く高度利用予備軍とも言える存在である。一方、市街化区域は国土の3．7％しか指定されていない。そして実際の市街地は国土のわずか1．2％を占めているにすぎない。この狭小な地域に人口の50％以上が集中して住んでいる。日本人が狭い住宅用地域をさらに狭くして住んでいる現実に触れる思いがする。

工夫の余地が大きい住生活

住宅の一戸あたり平均床面積は日本が94平米（平方メートル）であるのに対して、米国は157平米、フランス100平米、ドイツ99平米、英国91平米（国土交通省「国土交通白書」平成25年度版）であり、米国に比べるといかにも狭いが欧州主要国に対して遜色ない状態である。

そして持ち家の場合、我が国の平均床面積は123平米であり決して狭くはない。しかし、借り家の平均は45平米であり、米国の114平米、欧州主要国はそれぞれ70平米台であるので相当狭いと言える。我が国の場合はワンルームマンションという独身者用の貸家が普及していることがこの数字に影響している。さらに言えば核家族化が進むとともに若年層が親元を離れ別個に生活していること、職場と生活拠点が離れているために親元から通勤できない事情などが影響しているとも考えられる。つまり、長時間通勤を必要とする都市事情に起因するのではないかと推測される。

どうやら日本の貧困な住宅事情は、狭いマンション借家、高さの低い一戸建ちの家、緑地などのオープンスペースの欠如などに基本的な問題があるように思える。

東京の住宅は**木造**が8割を占めている。木造だけにそう長くはもたない。日本の住宅の平均寿命（滅失住宅の平均築後経過年数）はおよそ32．1年であり、米国は66．1年、英国は80．6年と推計されている（国土交通省住宅局資料。ただし、日本建築学会資料によれば、日本は40年、米国は100年としている。）。調査によってまちまちな数字が存在するものの、何れの調査でも我が国の住宅の寿命は異常なまでに短い。しかし30年余年で機能、性能がなくなってしまうことは実際にありえない。適切な維持と管理をすれば50年以上住み続けることができる住宅がほとんどだと思われる。

コンクリート構造物の寿命は60年から100年ぐらいといわれている。建ててから取り壊しまでのすべてのコストを住宅の寿命で割ると日本は欧米の実に3倍になるという。重ねて言えば、日本人が生活の豊かさを実感できないのは、宅地を含む住宅費の重い負担を一生涯引きずりながら生きているからなのである。

第三章　国土、土地、住宅　31

欠陥をもつ土地制度

　苦労して取得した土地が広くて快適なものなのならそれはそれでひとつの落し所であるが、現実には狭い、周囲を隣家やマンション等に囲まれたごく環境の悪い「土地」ばかりなのである。これは欧米の住宅環境と決定的に違うところだ。

　戦前の日本はそうではなかった。そして、土地そのものが家計を圧迫しているという意識はあまりなかったようである。借家住まいもごく普通だった。

　いつ変わったか。戦後の焼け跡のなかでとにかく住生活を安定させるためにささやかでも皆一戸建ちの家やマンションを求めた。競争がそこに集中した結果、地価は高いという基調ができてしまった。かつ、日本の場合**土地の価格評価**が長い間、売買実例を基準にして行なわれ、土地の収益性や利用価値から評価する方式（収益還元方式：対象不動産が将来生み出すであろうと予測される純収益の現在価値の総和を求めることによって、対象不動産の価格を求める方式）はやっと最近になって取り入られ始めたにすぎない。売買実例方式や路線価評価方式は需要が大きい場合にはお互いに影響しあって累積的に上昇していく性癖をもち、日本の地価を1990年ごろには各国でも例を見ない非常に高い水準へと引き上げてしまった。我が国では土地本位制といわれるほど土地や宅地が大きな存在でありながら、その価格を適正に評価し、制御する仕組みをもたないまま今日を迎えてしてまったとの感が強い。土地政策の不在が今日の国民の資産実体の貧困の根底にあるようである。

　昨今では海外から我が国の不動産に向けて大規模な投機資金が流入しており地価釣り上げの要因になっている。また、経済の低迷で行き場を失った国内金融機関の資金が不動産に向かっている。我が国経済・社会は過去に土地バブルでひどい痛手を被ったことがあるだけに看過できない状況である。土地の価格の上昇は、住宅や事務所の賃借料の引き上げにすぐ結びつく。国民にとって住宅地や事務所スペースの取得を困難にし、特に新規事業の開始を難しくして経済社会の活気を失わせる。また、地主が不労所得の形で巨額の土地売買益を取得したり、高い土地賃借料を得る一方、土地を求める国民や企業に多額の負担を強いる結果を招き富や所得の不平等、

不均衡を招いている。

　地価が安くなれば土地の有効利用により生産性向上を図れるしベンチャー企業にとってコストの軽減が図れる。都市開発や生活環境関連型の社会資本整備を行なう機会も増える。東京都の投資的経費に占める用地費の割合はバブル期には実に4割に達したという。現在は2割以下に落ち着いている。予算のなかで土地以外の実質的な付加価値に回せる分はそれだけ大きくなる。

　他方、我が国ではこれほど希少財である宅地が長年にわたり、かなりぞんざいに扱われてきた。国土交通省によると所有者が不明な土地は推計でざっと全体の2割内外に上るという。我が国では土地の所有権は法務登記によって確定するが、所有者が亡くなった後、相続人がしっかりと登記上の名義書換をしていない事例が増えている。これが何代にもわたって続くと、もはや所有者が実際誰なのか皆目わからない状況になってしまう。そんな隙（すき）を突いて、たとえば北海道では外国人が累計ですでにかなり広大な土地を保有している事実が明るみに出てマスコミで話題になった。

　また、土地だけでなく、住宅も空き家が増えており、現在では全体の13.5％にあたる820万戸が空き家として放置されている（総務省2013年住宅・土地統計調査）。

中古住宅に見直しの余地

　欧米と比較して住宅市場の決定的な違いは**中古住宅の流通量**である。国内の中古住宅市場は米国など欧米諸国に比べると大きく立ち遅れている。政府によると国内の年間中古住宅の流通量は米国の30分の1程度の15万戸にとどまる。国内の年間中古住宅の流通量シェアは全住宅流通量の13・5％程度であり、欧米諸国に比べると6分の1程度にすぎない（総務省「住宅・土地統計調査」2008年）。希望通りの物件が少なくファミリー世帯の住み替え需要に対応できていない。

　我が国では年間100万戸もの住宅が新築されてきた。人口が2・5倍の米国が年間120万戸であるからいかにも多い。住宅の新築は多大の経費がかかり、家計を圧迫する。欧米では家族で住む貸家がたくさんある。すべてにわた

って賃貸形式が多いので家賃が適正に算定されている。したがって市場価格の歪みも少ない。

　ちなみに欧米では「中古住宅」という言葉そのものが定着していないようである。それは、既存の中古住宅であっても適切に維持さえすれば新築時とほぼ同じ機能を維持し、同じ価値・価格であることも可能であるからである。差別する必要がないのである。時間軸で判断すれば建て替えを繰り返すよりもニーズの変化に柔軟に対応できる長寿の建物の方が環境面でも経済面でも望ましいと言える。従来のように短命な建物を頻繁に立て替えていく**スクラップ＆ビルト**の手法は環境的視点からも経済的負担の視点からも今後とも続けていくことは早晩不可能になるのではないだろうか。

　今後は住宅そのものの価値の向上や建物のリニューアルに資金を注ぐべき時代に入っている。環境の悪い、狭い宅地が外国人がびっくりするような高値で売り買いされる慣行はいずれあらゆる意味で正統性を失うだろう。中古住宅・宅地の値付けの基本が変わらない限り我が国において健全な中古住宅市場は育たないし、ひいては我が国における住環境が良質なものへと転換することはありえない

第四章　都市
難問・理想的な町づくり

「都市は人間が作った。」

　西洋の諺に「農村は神が造り給い、都市は人間が作った。」という言葉がある。

　都市はまさに人間の試行錯誤の作品であり、それだけに興味は尽きない。都市とは一定の地域を中心にした人為的集団的社会のことである。

　英語のＣＩＴＹという言葉は、外敵に対する防御設備の語源から発生している。自らを囲い込み、外に向かって守りを固める形をとるものである。また、ＴＯＷＮという言葉は同じく柵にかこまれた集落を意味する言葉が「町」の意味に転じたものである。囲い込みのための装置としては、川や丘のような地形の場合もあれば、城壁、土塁、堀のような人工的な構築物の場合もあり、それらを巡らした上で、一部に水門や木戸、橋を置くことによって内外の出入りを制御した。多分に安全保障の意味が強かったようである。

　日本では「都市」という言葉は「みやこ（都）」「いち（市）」に由来する。つまり、「みやこ」の部分は政治、宗教、文化、経済、軍事などの中枢機能を意味し、一方、「いち」の部分はモノ・カネ、情報が交流する結節点としての市場を意味する。このような二つの機能を合わせもっているのが都市の由来である。

　近代の都市の系列につらなる歴史上最初の都市は現在のイラクに栄えたシュメール文明が紀元前3500年頃人類最初の都市文明を発展させたとされている。メソポタミアのウル、ウルクなどである。また、エジプトのメンフィス、テーベなども今日の「都市」として位置づけられている。

　インドの西部ストラ沖で今から9,500年前のものと見られる古代都市の遺跡が海中から見つかった。そうなると都市の源流はさちに4,000年遡ることになる。

　ところで、我が国の都市の起源は、城下町、市場町、宿場町、港町、門前町に分類することができる。今日の都市の場合大半は以上のいずれかの

基盤に立って発展したものである。2016年10月末現在で我が国の「市」の数は791であるが、城下町の流れをくむものが全体の約30％でもっとも多く、宿場町19％、港町12％などの順である。そして60％が江戸時代の町に起源を有している。

市制施行の状況を見ると全体の約80％は第二次大戦後の1948年以降になっており、したがって大部分の都市はこの70年程度の間に都市化を経験したものである。

世界の都市の共通点

世界で名高い都市を見ると大体共通点がある。それは巨大な都市でもかならず中心になる外観があるということだった。政治中枢の建物であったり、宗教的な建造物であったりするのだが、いずれも街のどの地点からも眺められるように工夫されている。それを中心にして町が東西南北に発展しているのである。その発展の仕方に強いデザイン性をみることができる。いわゆるグランド・デザインであり、指導性である。主要な都市には必ず中心がありアクセントがある。

ところが我が国では都市の地形が概して平坦ではない。山あり谷ありであり、また中心的建物よりも高い建造物が数多く存在する。盆地も多い。その場合には見渡せるところは遠い周辺の山肌に追いやられてしまう。我が国では新幹線に乗って車窓から眺めていると沿線に町並みが連綿として続く。一つ一つの都市が独立して存在している雰囲気ではない。行政の区分けは外観からは識別困難であり、各都市の個性ないし特徴に乏しい。

大変美しかった江戸の町

18世紀において江戸の盛時の人口は武家50万人、町人50万人、合計百万人の都市であり当時世界最大のロンドンを凌ぐ規模だった。

特筆すべきは、当時江戸を訪れた外国人宣教師たちが「緑が多く自然が多く残されており大変美しい町である」という印象記録を本部に報告している。日本人は都市の美観形成において決して他国に比べて見劣りしなかったことが窺える。

しかしながら東京をはじめ我が国の諸都市は、惜しむらくは、第二次大戦の大規模な空襲の後、廃墟からの町づくりの展開において長期的な都市計画の構図を持たないまま復興を急いでしまった。その結果、内外から、今日の我が国の諸都市の景観や都市機能は没個性的なものが多く、概して雑然としているとの指摘が多い。道路がひどく狭く、無秩序に引かれており、建物の配置は秩序に乏しい。商業と居住が複雑に入り交じっている。都市は一度形ができてしまうと，その後大規模な改造は極めて難しい。

世界の人口の約半分は都市住民

　世界人口に占める都市人口の割合は、20世紀初頭では20％に過ぎなかった。それが1950年には30％になり、現在では46％、つまり、およそ半分が都市に住んでいることになる。欧米においては1995までに70％以上が都市で生活している。

　都市と農村の区分の意義は失われつつある。つまり、残された農村部分が少ないのでオール都市としか言いようがない状態であり、強いて分けるならば大都市とその他ということになってしまう。都市問題を論じるならばそれは「大都市」すなわちメガ・シティがテーマとなる。

いまやメガ・シティの時代

　メガ・シティという場合には人口800万人以上の巨大都市を指す。第二次大戦直後の1950年にはこうした都市はニューヨークの1，230万人、ロンドンの870万人の2都市だけだった。しかし、1990年にはその数は21になりそのうち16が発展途上国に所在している。2025年までの間に都市で生活する人口は50億人に達する見通しである。その増加の90％は発展途上国で起こると見られている。

　現在、人口の大きなメガ・シティは、東京、ニューヨーク、サンパウロ、メキシコ・シティー、上海、ムンバイ（旧ボンベイ）、ロスアンゼルス、北京、コルコト（旧カルカッタ）、ソウルなどである。アジアの都市が多いのが目につく。

　人口500万以上の都市はいまや30を超える。そのほとんどがメキシコ・シ

ティー2000万人、コルコト1,200万人、テヘラン1,000万人など発展途上国に所在する。

なぜ人々は都市に集中するのか

　人間はひとつの特性を持っている。それは孤独を嫌いにぎやかなところに身を置こうとする**習性**である。都市に人が集まるのは買物が容易で生活していくのに便利であり、そこに行けば自分の欲求をみたす財貨、サービス、情報がある、そんなことから都市に自然な人口集中現象が起こるのである。にぎやかな方が買物に活気が出る。供給側も売れるので新商品を勝負できる。すべてにおいて経済距離が短い。何処に行くにも便利である。職を探しやすい。サバサバして煩わしさがない。生活に必要な情報が容易に手に入る。

　生産や商品などの経済活動は全世界に満遍なく分布するのではなく、むしろ限られた一部の地域に集中する傾向がある。独創的なアイディアは場を共有する相手との討論や直接交渉から生まれる。経済取引に不可欠な信用も同様である。投資家や多くの企業、住民が近接して立地し合うことにより集積の経済効果が生まれる。多様な隣人との密接な接触によりアイディアの生産性が増し、その過程で都市全体が経済活動に重要な情報を集積していくのである。

　第二の要因は**人の移動**である。経済活動が中央に集中しそれに応じて人も移動する。要するに経済活動が活発化したところに人口が移動する。中心地には最高の地価コストをあがなうに足るだけの収益を挙げる可能性を秘めて高層建築が出現し、比較的小面積の土地で最大の収益を挙げる事業、特に中心部に置かれるだけの必要性のある事業が集中する。金融、研究、高等教育など経済の重要な機能は都市の中心部に集中する傾向が強い。都市は地域有機体の一種と考えられる。複雑な機能分化とその統一性は都市における典型的な機能である。都市は周辺の地域に対する中核的機能とそれ自身のための必要性により発展を遂げてきた。それは絶えず変化していく。

成功、失敗が織りなす各国の試み

　英国の田園都市構想という考え方は19世紀に生まれた。Ｓ・Ｅ・ハワードは大都市の弊害を逃れるためには市街地と田園との長所を併せ持った都市（Ｇａｒｄｅｎ　Ｃｉｔｙ：田園都市）を建設すべきだと考えた。その内容は都市の大きさを一定に限り、市街地には人口3万人、周囲には農耕地を保存し市街地の膨張を避けるというものだった。しかし、肝心の、住民に職場を提供するべく誘致した工場が隣国の新興産業等に対する競争に勝てず就業基盤を確保できなかったため国内に十数の田園都市が人工的に建設されたもののさしたる進展を見せずに終わってしまった。労働者が徒歩で同じ町の工場に通勤し、余暇を自宅近くの菜園などで過ごすという構想は必ずしも理想どおりには実現しなかったのである。

　フランスのル・コルビジュエは1922年に**パリ改造計画**を発表した。それは交通路、住宅地区・商業地区の秩序ある連関の確立を主題としていた。道路を歩道と車道、さらには車道ではただ通過するだけの車のための道、近くの目的地に行く車のための道等に機能的に細かく区分した。自動車交通と高密度高層建築を結合し、しかも幾何学的に厳密な調和美を実現しようと意図した。

　Ｌ・コスタによるブラジルの**首都ブラジリア創設のプラン**はまことにスケールの大きい都市計画でありこれは構想どおり実際に実現をみた。全体としてジェット機のパターンを持ち、両翼を集合住宅、胴体部分には広場、政府各省をはじめとする中枢組織の建築物を据え、その回りにレクリエーション地区、商業地区を配している。壮大な都市の理想像を示しているように見える。しかし、実際に住んでいるブラジル人の間での評判は必ずしも高いものではなかった、とわれる。未来都市の雰囲気があるものの人が息する実感に乏しく、広大な町だけに移動は大方は自動車でというのが原則であり人工的すぎるなどがその理由として挙げられていた。

　都市計画がいかに難しいかを物語っているように思える。

我が国の都市計画

　我が国において都市計画とは都市政策の達成を図る都市空間を実現する

第四章　都市　難問・理想的な町づくり　　39

ために行なう総合的な計画である。具体的には、土地、市民、施設のあり方を土地利用、人口配分、交通体系、施設配置などの計画内容によって立案する過程および計画技術の総体である。

基本計画は常に新しい情報に基づいて部分的に修正されるローリング方式がとられている。計画の策定には都市計画専門家、建築家、土木、公園の専門家、など多方面の人が参加する。

都市計画による地域は、(1) 用途地域、(2) 特別用途地区、(3) 高度利用地区 (4)、防火地域、(5) 美観地区、(6) 臨港地区、(7) 流通業務地区、(8) 保全地区などに区分けされる。

各市町村は条例で、地区の設備の配置、規模、建築物の用途、最大建ぺい率、容積率の最高または最低、建築物の最高または最低の高さの制限などを定めることができる。

所有権・既得権にまで踏み込めるかどうか
住民の合意形成がカギ

我が国の都市計画法は用途規制の指定までである。他方、欧州では国により多少差はあるがさらに細かくした地区詳細計画との二段階で構成され、街路計画、建築物の種類・形状、土地価格まで一段と厳しく規制できるようになっている。外国でよく見られる町全体が共通の赤い屋根、白壁の建物で構成されている景色などはこうした規制によるものである。かなり町全体の美観や景色の魅力、住みやすさ、暮らしやすさを重視する仕組みになっている（注 その分だけ個々の土地所有権・既得権は制限される。）。

さらに、英国の場合は土地所有権そのものと利用権とに分け、1947年の都市計画制度では土地所有権を国有化するという思い切った方策が実施された。都心では土地の所有権は国有（王室所有）であるとし、利用者は底地を国有のまま残して99年とか999年で賃借する形態がとられている。

世界の趨勢において、都市計画の最も重要な課題は人間性の回復にあるといってよい。楽しく歩ける町、美しいシティーセンター、利用しやすい商店街、健全な下町、閑静で緑溢れる住宅地の形成などが焦点になる。そして専門家に丸投げで任せずに一般市民が積極的・主体的に関わるように

なってきている。都市計画作りの流れは行政主導型から市民主体型へ、平面型から立体型へ、開発型から調整型へと変わりつつあるようである。

　1970年代のことだか、私がロンドンに住んでいたころ、区の支所の職員から突然電話があり1時間ほど時間が欲しいという。10年後に近くの地下鉄の駅の周辺を再開発することを計画しているので町づくり計画案について一軒ごとに意見を聴取して回っているのだという。かなり具体的な設計図案のいくつかを見せられ専門的に突っ込んだ説明があった。「どうして私に会いに来たのか。」と尋ねたところ、伝統的に支所の職員が手分けして全ての地区住民家庭から意見を聞いているのだという。なるほど英国の町づくりは準備が周到で奥が深いと感心した次第である。私の町への関心も急にレベルアップしてしまった。町は皆のものであり、町の骨格は住民の夢がしっかりと参画して造られるものなのである。

第五章 土との対話

「土」との縁

　私が、「土」というものに関心を持つようになったのは約20年前に東欧の国ルーマニアに赴任してからである。当時、我が国の国際協力事業団（JICA）がルーマニアに派遣した専門家の人達が農業分野で技術指導にあたっており、当地で土壌調査を綿密に行なっていた。その調査に立ち会ううちにいつのまにか土にとりつかれてしまったのである。以後、各地を尋ねて土を見れば興奮してしまうという妙な癖がついてしまった。切り通しの断層などは土について多くの情報を与えてくれる。

　ルーマニアは第二次大戦前までは、隣国のウクライナとともに欧州屈指の穀倉地帯だった。沃土の中心に位置する県都アラドには欧州有数の穀物取引所が設けられ、そこでの相場が欧州の穀物需給に大きな影響を与えていた。ルーマニア国内には穀物栽培には最適といわれる「チェルノーゼム（黒土）」の巨大な帯が走っていた。いまでも黒土に覆われ地平線の彼方まで延々と広がるトウモロコシ畑にその面影を見ることができる。

「土」ができるには長い年月がかかる

　地球の地殻の最も上の層である地表を覆っている「柔らかい」層、これが「土」である。「柔らかい」という表現に万感がこもる。というのは固い石や岩石、岩盤そのものは土ではない。それでは岩石などが土とは無関係かといえばそうではなく、むしろ極めて密接な関係を持っている。岩石や岩盤は「土」の祖先というか土を生み出した母体そのものだからだ。柔らかい土の層を地下に向かって掘り進むと、地球上のいかなる地でもかならず基盤岩石、いわゆる岩盤に達する。

　歴史的に振り返ってみると地球は創成期には表面はすべて固い岩盤で厚く覆われていた。それこそ岩盤だらけでありいわゆる「土」は存在しなかった。かつて地表に露出していたこの基盤岩石が水や温度差、風による移

動などの作用を受けて砕片化していく。粒子化し粉状になる。そしてその
なかにバクテリアや植物が宿り腐植して柔らかく変質していったものが「土」
なのである。そしてその上に草や樹木など高等な植物が生育するようにな
る。植物が腐植して堆積し地味をさらに豊かなものにしていく。

　自然界で起こる物理的、化学的変化は数百年から数千年のうちに岩質や
地味を変えていくのだ。今日、我々が目にする「土」が出来上がるまでに
はどの地域でも長い年月が経過している。

人の生と死を司る土の役割

「土」が人類にとって大切なのは土がなければそもそも植物が育たないか
らである。そして、植物なくして動物は生存できない。植物は稲や小麦な
どの食料をはじめ人間になくてはならないものを供給している。植物なく
して人間の生存は不可能なのだ。

　土は地球の陸地上の最表層にあってそうした植物を支えている。

　植物の場合、葉と根から生命の素となる養分を吸収し、生長していく。根
は生命に必要な窒素、燐、硫黄、カルシウム、マグネシウム、鉄分など多
くの元素を土から吸収し植物の生長を支えている。そして動物はこの植物
を摂取することによってか、それを摂取する他の動物を摂取するかによっ
て生存している。いわゆる、生物の食物相関図がこれである。

　土は土壌生物であるバクテリアなどがその中で生活する場所になってい
る。これらのバクテリアなどの働きによって動植物の遺体は無機成分など
に分解され土に戻る。つまり土は解体業者の役割も果たしているのだ。生
物は土なしにはこれほど見事にこの世から消えることはできない。土によ
って生を受けた物が、土の作用によって結局土に戻る。土によって安住の
地を得、それが腐植土に形を変えて次なる新しい生物の誕生への基盤を用
意していく。輪廻をもたらす「土」のこの不思議な力は偉大としか言いよ
うがない。土は森羅万象、生物の生とともに死をも司さどり、万物の生々
流転の舞台そのものを形造っている。このように土壌は陸地に生息する生
物にとって生きるためにも死ぬためにも不可欠のものである。

意外に少ない土の量

　それでは、地球には「土」の量はどのぐらいあるのだろうか。ともすれば無尽蔵にあるように考えがちである。しかし、実際にはその総量は意外なほど少ない。そこに「土」問題の恐ろしいまでの深刻さが横たわっている。

　これを数字で示すと、地球上の「土」、つまり柔らかい地表の部分の厚さは、日本列島の大部分が属する温帯では地域によってかなりの差異があるが平均的にとらえれば数メートル程度（大体2～3メートル程度という指摘がある。）と言われている。平均すれば人間の背の高さを上回るか、せいぜいその倍ぐらいの厚みにすぎない。熱帯雨林のような高温多湿地帯では岩石の破砕が進みやすい台地でも「土」の厚さは高々5～6メートルである。つまり「土」が最も効率的に製造される熱帯雨林といった自然環境の下でもその深さは建物にたとえればせいぜい二階分程度の厚さしかないのである。

　このように地表面を覆う土の厚さは地球というボールの半径のなかにあってまことに薄い油の膜のような存在である。

　人類による農耕の開始はいまから1万5千年前とされている。紀元前4千年頃から栄えたメソポタミア、エジプト文明も時代の推移とともに「土」の生産力である地力が衰えを示し、その文明は終末を迎えたとされている。ギリシャでもかつては土地の生産力は高かったのだが、広大な林地が伐採によって消失し肥沃な土地が豪雨で流失したため地力が衰え、それとともに栄華を極めたさしもの古代文明も消え去ったといわれている。土や水と、文明ないしその基盤となる人々の生活の豊かさとはとはかなり関係が深い。そして肥沃な土地は古代から、その領有を巡り人々の間で烈しい係争の歴史を刻してきた。

　現在では世界の各地で土壌劣化が一段と進んでいる。耕作に適するとされていた面積のうち、アフリカではその3分の2、ラテン・アメリカでは半分、アジアでは3分の1が不毛地帯になっていると推定されている（世界銀行の調査）。凄まじいばかりの土の劣化現象である。

　世界中に陸地がひろがっているがその表面を覆う土の質、種類は地域により国により千差万別である。土は地球上の各地においてその種類を大い

44　　第五章　土との対話

に異にしている。各地の気象が地球表面上にほぼ帯状に分布しているように、土壌も主要なものは概してほぼ帯状に分布している。

　ある国の人々は幸いにも肥えた土地の上で暮らし、ある国の人々の土地は地味が貧弱で作物を作る力に乏しい。母なる大地である土は食物の根源である植物の培地であり、人類の文化・文明の礎をなしている。

世界の土壌分布　　チェルノーゼムの魅力

　それでは、地球の全陸地表面をどのような種類の土が覆っているのだろうか。

　世界の全陸地の土壌分布は岩盤には至らないが石がゴロゴロして植物が生えない「岩屑土」が20％、砂漠地のような大粒の砂で覆われ保水性がなく植物が育たない「砂漠土」が15％、寒冷地の広大な針葉樹林の下に広がり針葉樹の葉が強い酸性を作り出し作物栽培に適しない「ポドゾル」が15％、主として熱帯地域全般を覆い高温の気候ために栄養分が流出しがちな「ラトソル」が18％など、合計すると3分の2以上は作物栽培に向いてない土が占めている。地球上において作物栽培に使える土としては、俗に粘土といわれている灰色がかった「沖積土」が10％、チェルノーゼムなどの「黒土」が5％、そして「赤黄色土」3％、「褐色土」2％、日本に多い「褐色森林土」1％、などとなっている（2007年版平凡社世界大百科事典「土壌」他）。

　地球の表面は大別すれば針葉樹林の下か、広葉樹林の下、草原の下、岩地、砂地ということになるがこのなかでは岩地や砂地とともに概して森林の下にあったところの地味はよくない。一番よい土は草地であったところだ。その草地の状況が長年続いた後に耕作地になった所の土は肥えたところが多い。

　世界で最も肥沃な土「チェルノーゼム」は、専門用語では黒土草原土と呼ばれる。とても柔らかく、焦げ茶の黒々した色のいかにも頼もしい外観をした土だ。

　チェルノーゼムが大量に分布する地域は世界のなかでわずかに四ヵ所に限られている。その一つはユーラシア大陸においてルーマニアに端を発してウクライナを経て中央アジア、シベリア南部を東西に数百キロメートル

第五章　土との対話　　45

の幅で帯状をなして展開している。小麦、トウモロコシの産地として世界的に有名である。第二はカナダから米国五大湖地方の南に展開している。小麦、トウモロコシの巨大な生産地であり、今なお世界の穀物生産の相当部分を生み出している地域である。第三はアルゼンチンのパンパス地方であり小麦や牧牛の産地として有名である。第四はインドのデカン高原であり、ここは綿花の世界的な産地である。これらの地帯は例外なく世界の穀倉地帯、高度農業地帯として歴史的にも大きな役割を果たしてきた。

　一方、温帯の帯から南に下ると有機物の分解が速やかに進行するので腐食が蓄積しない。はじめは鮮やかな黄色を呈する。ないし褐色となる。いわゆる「黄土」ないし「褐色土」である。さらに南に下ると赤みが強くなり「赤土」となる。竹山道雄「ビルマの竪琴」が描くビルマの赤い土である。赤い土は概して痩せた土である。ただし熱帯雨林はその例外的な存在であり、熱帯雨林では生い茂る木々が地面を覆い隠しその葉が腐葉土を形成する。多量の雨も上部に覆う枝葉が腐葉土を押し流すのをくい止める働きをするので良質な表土が確保される。

我が国の土　　その厳しい環境

　それでは、私達日本人が耕し、その上を歩き、踏みしめてきた日本の土はどのような種類のものなのだろうか。世界的基準からみて肥沃なのだろうか、または痩せた土地なのだろうか。

　日本の土壌の話に入ろう。

　我が国の土は概していくつかの困難に直面し続けてきた。その第一は日本の降雨量が欧米地域に比べて非常に多く、**降雨量**が蒸発量を上回っており、水の浸透により土壌が酸性化されやすい風土である。酸性は食用作物にとって一般にマイナスに作用する。

　そして、山岳地形が国土の6割を占め、また、狭い割には高い山々が多く、そのために概して傾斜が急な地域が多いので土壌の生成が未成熟となっている。傾斜度5度以上の**傾斜地**が畑地総面積のほぼ半分を占め、8〜15度傾斜のものが実にほぼ3分の1を占めている。傾斜による崩土、土壌の移動が起こる不安定な場所では成熟した良質の土壌は生じない。これらの土地は

46　　第五章 土との対話

腐食土等の植物にとっての栄養分が流出しやすく蓄積ないし堆積していかないのである。

　また、過去の歴史において日本の国土は**火山灰の洗礼**を受けている地域が非常に多い。天から灰が降り積もり土として堆積していく。火山灰は土としては新参者でありバクテリア等を含有していないので当然熟成していない。日本は世界でも有数の火山国であり、火山の主なものだけで160座を越えており、現在もなお活動を続ける火山は60にものぼり全世界の活火山の1割を占めている。そこで、火山活動により火山噴出物が土壌の母体になっている地域が多々見受けられるわけである。堆積し始めたころは農業的には無価値な土である。

　日本列島は湿潤な温帯に属し、そのほとんどの地域が草原ではなく森林で占められてきた。森林の落ち葉が長い期間にわたって堆積し変容して土と化す。森林の下でできた土地は**酸性**が強い傾向があることは先に延べたどおりである。

　このように説明してくるとお察しのどおり、日本の土は概して基本的には肥えた土とは言えない。

日本の土壌の半分は酸性褐色森林土

　日本の国土を覆う土壌を大きくわけると、面積比では「褐色森林土」が53％と半分以上を占めている。よく見る褐色ないし土色の土である。次いで「黒ボク土（アンドソル）」16％、「沖積土」が12％、「赤黄色土」が3％、その他という状態である（平成26年「土の事典」丸善）。

　このように我が国の国土を覆う土壌は**褐色森林土**が主体である。我が国の国土において広葉樹林がかなりの部分を占めており、落葉広葉樹林下でその落ち葉等が作用して造られた土が広く分布することとなった。日本の褐色森林土は正確には酸性褐色森林土といわれる。モンスーン気候下の日本のものは多量の降雨量の影響で酸性がより強いので、ヨーロッパのそれとは区別して「酸性」褐色森林土と呼ばれるのである。

　褐色森林土の表層土は腐植に富み理化学性も良好で一般に生産力は決して低くない。ただし、日本の場合には酸性が強く、また、地形が険しい所

第五章　土との対話　　47

が多く安定した土の醸成ができていない。その意味ではどちらかと言えば痩せた土地の範疇に入る。

　第二番目に多いのが**黒（くろ）ぼく土**ないしアンドソルである。黒ぼく土は火山灰が厚く堆積し、その風化土に時の長い流れとともに笹や稲科の草が繁っては枯れていくうちに腐食部分が増え、土は呼称のどおり黒色を呈して一転して農耕に適した土と化す。勿論、火山の噴火当初は軽石や岩などが数多く散在しているためこれらを人力によって除去していく努力は並大抵のものではなかったはずである。

　アンドソル、というのは土壌学で世界的に使われている語句なのだがこれは日本語の黒系統の色を示す「暗土（あんど）」が外国語化したものである。日本独特の土であることを意味している。関東ローム層では火山灰が長い年月にわたって数メートルの厚さで地表を覆っている。我が国では関東ローム層や九州の火山地帯に見られるように十分手が尽くされ現在では実り豊かな畑地として利用されている。野菜の栽培に適しており、草類が良く育つ地質である。

　次ぎの存在が**沖積土**、いわゆる粘土である。沖積土は日本の河口、河岸、海岸平野等に分布する。航空機で空の上から日本列島を見ると高い山から流れ出す河川に沿って、あるいは河口付近の平野部において川の水が運んだ沖積土（ねんど）が非常に豊富に展開し水田地域を形作っている様子が手に取るように分かる。

　沖積土は川の氾濫原を含む沖積平野の土壌であり、母体は泥土や細かい砂礫であり川で一気に運ばれた後に堆積したものであるだけにはじめは未成熟な土であった。しかし、出発点はそうであっても人手を掛けさえすれば変容する。日本でそこここにみられる水田はほとんどがこの沖積土である。

　ほかに土の色から赤土、黄色土と呼ばれるものがある。赤色、黄色の土は主として赤鉄鉱、褐鉄鉱を多く含むことに由来しており有機物が少なく農業には概して不向きである。

　赤土は本州中部および西部、南西部に局地的に分布している。より具体的には愛知県から南は赤土型になる。瀬戸内海から九州にかけて輝かしい赤色を呈している。黄色土は近畿、中国地方にみられる。この赤土、黄色土といった土壌は過去の地質時代における古い土壌の遺物である。一般に

強酸性であり、畑地としてそのままでは利用できない痩せた土である。

　以上見てきたように、日本の土壌は本来は天然自然の状態では他の有力農業国と比較すると痩せた土である。草原型のチェルノーゼムのまさに対象をなす地質であった。

日本の耕地の収穫量は世界的にみて極めて高い

　しかし、である、国連食料農業機構（ＦＡＯ1999年）によると、耕地1ヘクタールあたり収量は日本は6トンでありオランダと並んで世界最高に位置している。世界の平均は3トンであったので世界の平均よりの2倍もの生産を実現している。また、米作についてみると2009〜11年度の世界の単収4.2トン／ヘクタールに対して日本は6.5トンであり、世界平均の1.5倍の単位収穫量になっている（農林水産省「食料・農業・農村白書」平成23年版）。

　火山灰が堆積したアンドゾルは、約2千年にわたる農民のたゆまぬ地質改良の結果、肥沃な土壌に変質してできたものである。世界各地をまわると火山の噴火で岩石が未だに散乱している地表が多く残されている風景によく出逢う。しかし日本人はおびただしい火山の噴火や河川の氾濫にさらされながら大石を取り去り、微細な小石まで除去し、泥土に天然肥料等を漉き込み、農地を作り上げていった。また、傾斜地が多いなかで崩落を防ぎながら山の上まで段々畑を展開していった。もともとは未熟な土の典型である沖積土に手を加え棚田にまで仕上げていったわけである。

土壌の疲弊化との闘い

　何気なく見える現在の日本の畑や水田。日本の耕地の半分を占める水田はまさに人力で構築され、積み肥や堆肥の投与によって土壌の質が変化している。その形成には取り水による作用が有効に機能している。他方、畑には虫や有効な菌が有効に働いている。私が日本の土を調べる過程で知ったのは、日本人のひたむきとも言える努力であり、不利な条件にも立ち向かい戦い続ける姿勢だった。要するに我々の祖先は負けなかったのである。決してよいとは言えない土をひたむきに努力を重ねて生産性の高いものに

第五章　土との対話　　49

作り替えていった。

　世界的に土地の疲弊化が言われ始めている。肥料の過投与、砂漠化、地下水の過剰な汲み上げ、農薬の弊害など、数々の原因がありそうだ。

　我が国の土も決して例外ではない。日本人の米への需要が減った結果、水田面積の一部が余剰となり他の作物への転作が進むなかで水田が廃棄される事例が増えている。放置されるので雑草が生い茂り土壌の劣化は全国的な規模で展開している。また、無造作な宅地化や都市化の進展が自然環境の生態系や水利体系を破壊し、土壌の質を劣化させている。

　よい土壌の形成には長い年月がかかる。しかし、それを劣化させるには10年単位の年月しかかからない。我が国の国土において祖先が過酷な自然条件に立ち向かって、数千年にわたり血の滲むような努力によって営々と築き上げてきたこの土壌が劣化していく現状に対して手が打てないのかどうか、深く考えさせられるところである。この土壌は今日の世代にとって祖先から受け継いだ貴重な財産であるはずである。

第六章　清らかな水

水と生命・生活

　人間と水とは切っても切れない関係にある。人間の身体自身がその7割までが水でできている。その水分保存力は年をとるとともに減少するが、それでも一生を通じて身体重量の5〜6割以上にあたる水分を保持しなければ生命を維持することはできない。ちなみに陸地の植物の全体の重量の5〜8割が水分で構成されており、魚類は8割が水である。すべての生命現象は水を媒体とした化学変化の複雑な組み合わせなのだ。ヒトを含めおよそ生物は水なしには生存でない。水を摂取しつつ完全に食を断った成人男性が65日程度生存した例が確認されているが、逆に全く水分を取らない状況下では数日しか生存できない。成人が1日に失う水分量はおよそ2キログラムであり、それを補い体内で水分の均衡を保つためには少なくとも同量の水分を補給しなければならない。

淡水

　我々の身近なところにいくらでも水があるように見えるが、実は地球上に存在するすべての水の量のうちその97％までが海水である。

　海水は塩分などをかなり含んでいるため人類にとってそのままの形では生活用水として利用できない。人間にとって仮に食料があっても海水だけで水分を補給したとするとやがて死に至る。

　「海水」に対置する概念が「淡水」つまり海水でない塩気のない普通の水である。淡水の量は地球にある水全体の3％を占める。人間の生存は直接的にはこの淡水によって支えられている。淡水の75％は万年雪や氷河の状態で存在し、これらは手元まで運ぶ輸送コストが膨大であるなどの理由により現在の人類にとって直接利用することは物理的に不可能だ。

　淡水の中で万年雪や氷河を除いた残りの部分が湖沼、河川、地下水の水として利用可能の状態にある。しかし、この地球上に存在するわずかな淡

第六章　清らかな水　　51

水のほとんどが地表からは潜ったところに存在するいわゆる地下水であり、河川、湖沼などの表流水は淡水全体の1・5%を占めるにすぎない。したがって、地球上の水のうち、人間の手近にあって手軽に利用できる表流水は地球上に存する全体の水のうちわずか0・01%（注100×0・03×0・25×0・015）しかないことになる。

　淡水についていえば、地球全体では海水面は低熱の湯沸器の中の水のようなもので、太陽からの熱の作用などにより、世界の海全体で平均すると1年間で海面から深さ1メートルがそっくりそのまま**蒸発**している。この蒸発水が淡水の源である。蒸発によって水が消失するのではなく、海洋から蒸発し、蒸発の過程で塩分が抜けたこれらの水は雲になり、風で運ばれて降水となって地表に降り注ぎ、地表水として湖沼、河川となり、また地下水となってそのまま蓄積する。一部は地下のまま海に滲み出す形で再び海に戻る。これが地球上の水の基本的な循環図である。したがって水の源である海がなければ地表への淡水による降水もごくわずかなものとなり人類は生存していくことはできないという理屈になる。

爆発的に増える水の需要

　人類の歴史は利用可能な水と食料を求めて流浪し続けてきたともいえる。

　幾多の発明、発見、時代の進歩、人類の努力があったにもかかわらず、人類は未だに水の供給には懸念を持ちつつ暮らしている。水問題は解決されていないのだ。それどころか21世紀最大の問題は水の確保という課題かもしれない。

　世界の水需要は伸び続けている。1日に使用する水の量は5・6人の世帯（発展途上国の平均）で200リットルでありほぼドラム缶1杯分になる。入浴、トイレ用、炊事、洗濯等のためにこれぐらいは最低限必要ということになる。日本では1世帯あたりの平均使用量は300～400リットル。現在の日本人は世界の水準に比べると水をまさに「湯水の如く」使える国民なのだ。

　1900年以来、世界の人口は2・4倍に増えたが、その間に水の消費量は実に7倍になっているという。1人あたりの水の消費量が過去百年で約3倍になったことを示している。

52　　第六章 清らかな水

確実に進行する世界における砂漠化現象

　他方、世界各地ではで水不足が高じるとその土地は砂漠化していく。

　地表の5分の1はもともと砂漠だったが、土地が乾燥して雨が減り、干ばつや乾期が長引くと悪循環によって確実に一層の砂漠化が進行する。いまや砂漠地域は36億ヘクタールに及び、全陸地面積の4分の1を占めている。そしてこれも含めて地表の3分の1がすでに乾いた地域すなわち乾燥地帯となっている。

　砂漠は、サハラ、サウジ・アラビア、イラン、中央アジア、中国西部に広がっているほか、オーストラリアにも多くの砂漠があり、ブラジルでも密林が消失しつつある。

　砂漠自体はほとんど人を寄せつけない。人々がそこで生活を営むのは至難の業である。しかし、砂漠の周辺の半砂漠地帯には世界の人口の1割弱にあたる6億人強の人々が住んでおり、過酷な自然のなかで農耕や牧畜を営んでいる。

日本は水資源に恵まれた国

　それだけに、水に恵まれているかどうかはその国にとって非常に重要な要素をなす。

　幸いなことに、日本は水資源に恵まれた国に属している。

　我が国において水の供給源はとどのつまり雨に求められる。

　日本語には雨を表現して春雨、五月雨、梅雨、菜種雨、時雨などの呼称が多々あることが暗示しているように日本は雨そのものが多い。

　日本はアジア・モンスーン地帯に位置し、世界でも有数の多雨地帯にあり水資源は豊富である。年間降雨量は平均すると1670ミリメートルである。これは世界の降雨量の平均（800ミリメートル）の2倍ほどになり（国土交通省「日本の水資源」2013年）、緯度帯の平均降雨量では多雨で名高い赤道地帯の降雨量にほぼ匹敵する。年によって多少変動があるが、欧州では平均して550ミリ、北米大陸では650ミリ程度であり、欧米諸国に比べると日本の雨量は明らかに多い。年間で1千ミリを割るのは北海道東部等ごく一部の地域に限られている。太平洋沿いでは年間4千ミリを越える所さえある。

第六章　清らかな水　　53

我が国では水は豊かであるばかりでなく、水の質も良い部類に属する。世界のなかでは清らかで豊かな水に恵まれた国に属する。

雨の持つ意味

　日本が水に恵まれているのは多分に雨のお蔭である。

　それではまず地球上になぜ雨が降るのかをここで確認しておきたい。それは砂漠地帯でなぜ雨が降らないのかの確認にもなる。

　雨は空気、熱、水蒸気の物理現象により起こる複雑な現象である。

　地球の表面での蒸発によってできた水蒸気は空気の動くままに何処までも運ばれる。上空の空気は地熱の反射が少ないため温度が低い。そこで上空に舞い上がった水蒸気は冷えて凝結して水滴となり、集まって初めは雲になる。この雲が次第に厚くなると水滴同士が結合し大粒になり重たくなって重力の法則により落下して地上に降り注ぐのである。雨が降り続くためには大気において下方から水蒸気が絶えず補給されなければならないがそれは上昇する空気の連続的な流れ、つまり、上昇気流によってなされる。

　このように雨は敢えて単純化して言えば、結局は上昇気流のなせる業である。大気はいろいろな場合に上昇気流を発生させ雨を降らせる。大別すると四つのタイプがある。

　第一は地形による雨である。山脈や山地に吹きつける湿った風が山の斜面に沿って上昇するときに雨を降らせる。こうした風が吹き続ける間は雨は幾日も降り続く。

　第二は前線（不連続線）による雨である。温かい気流と冷たい気流が衝突すると温かい気流の方が軽いので上昇する流れが生じ雨を降らせる。特に温かいのとつめたいのとが同じ勢いで衝突し合っている場合には強い雨が降りやすい。

　第三は低気圧による雨である。低気圧内では回りから流れ込んだ空気が上空に逃れていくため上昇気流を形作って雨を降らせる。

　第四は対流による雨である。夏の頃などに強い太陽の日射によって温かい空気が舞い上がり上昇気流をなして雨を降らせる。入道雲がもたらす夏の雷雨や熱帯地方のスコールがこれである。

山脈が少なく広大な平地、海から離れた場所、季節風等の風に恵まれていないところなどで雨が少ない理由がおのずから明らかである。

逆に、日本列島では明らかにこれらすべての種類の雨が降る地形ないし気象条件をみたしているので雨に恵まれた国土ということができる。

気候が高温多湿であり、米や野菜等の生育条件としては優れた部類に属する。ただし、日本における問題点は国土の中央に山脈が走り傾斜地が多いので水源地で雨が降っても川が急峻で一気に海へと流れ出し途中で止めるなり、水が流域地域で十分に利用されるだけの余裕があまり無い地形である。せっかく降った雨による水量も国土のいたるところに存在する急斜面に沿ってあっと言う間に陸地を駆け抜け海に注いで我が国の国土を離れてしまうという構図なのだ。それだけに水を表土につなぎ止める森林の存在は貴重である。フロー（流量）は十分だがストック（蓄え）には常に意を用いる必要のある土地柄である。

水源の確保に精力を注いできた国

日本人は水に恵まれているにもかかわらず歴史的にみて水を実に大切に保存してきた。

日本の湖沼には天然湖のほかに古くから農業用溜め池が発達し、治水、上水のための人工池が多く、その数は数十万といわれている。日本の治水事業は古い歴史を有している。縄文遺跡をみても水との関係で多くの工夫が凝らされている。稲作文化としての弥生文化も水を管理して稲を栽培する水の文化であったということが分かる。戦国時代以降、特に江戸時代には幕藩体制は米の石高を基礎に成り立っており、それは各藩が水をどれだけ周到に管理できたかという実績の上に成り立っていた。各藩は水系を巧みに生かして素晴らしい水田地帯を形成していったのだ。

明治時代以降においても日本は治水事業を重要な国策としてきた。

今日でも、我が国では水問題への対処は進んでいる。

たとえば、東京都では、1957年に多摩川の上流をせき止めてできた小河内貯水池が完成しており、通称奥多摩湖と呼ばれている。ここには東京ドームで130杯分の水道用水が満たされ、現在の東京の水道用水の2割が賄わ

第六章 清らかな水　　55

れている。1964年には荒川と利根川とが水路で結ばれ、世界でも有数の水量豊富な利根川の水は都民にとって心強い水源の役割を果たしている。

まことに深刻な仮想水問題

　日本には、仮想水（バーチャル・ウォーター）の問題がある。これは率直に言って我が国の水に纏わる極めて深刻な話である。仮想水というのは、海外で穀物や畜産物の生育に消費される淡水資源を指す。穀物の栽培や家畜の飼育は大量の水を消費する。他方、食糧自給率が極端に低い我が国では大量の農産物を輸入している。輸入農産物はその栽培過程で膨大な水を消費しており、我が国は間接的に世界の水を大量に輸入し消費している状況にある。

　世界全体の水使用量は3・6兆立方メートルと推定されるが、このうち約7割が農業用水として使われている。たとえば、小麦1トンを生産するには3,200トンの水が必要だ。そこで農畜産物輸入量に種類別単位あたりの仮想水量を掛け合わせて計算すると、我が国では合計で年間800億トンから1千億トンの水を輸入していることになる。間接的に消費しているという意味で仮想水という（環境省ホームページ「実は身近な世界の水問題」）。これは日本の国内の農業用を含む全水使用量810億トンにほぼ匹敵する。仮想水量の半分は米国であり、4分の1が豪州である。最近では中国からの輸入も増えている。これらの国々ではすでに水資源の不足が顕在化してきている。

　我が国は水資源不足に悩み始めた海外の農産物輸出国に仮想水という形で国内の消費量を上回る水資源に依存している。輸入先が今後恒常的な水不足に陥れば農産物価格は上昇し直ちに日本人の日常生活に支障が生じる。これだけ膨大な仮想水を輸入し続けることができるのかどうか、大きな疑問符として残る。それに対する回答は、食料の国内自給に向けて真摯に手を打つより他にないように見える。

これからは地下水の確保が課題

　水は空から雨として得られるだけでなく、地中からも得られる。いわゆる「地下水」である。都市の水道や工業用水は地下水を井戸からポンプの

56　　第六章 清らかな水

要領で汲み上げることによりかなりの水量を得ているのが実情である。それだけに、地下水が手軽に利用できるかどうかは人々の生活にとって実に大切な要因である。

　地中にある水のうち地表より下にあって地層間のすき間を満たして存在している水が地下水である。地下水は雨の水滴が地表から地下に浸透し岩盤等にまで達してそれに支えられて地下で水たまりをつくりながら蓄積が進む、と考えると理解しやすいかもしれない。

　地下水の水位が浅い、つまり、地上から井戸を掘る場合にそう深く堀り進まなくても地下水の水面に届くという状況は地下水を安く潤沢に利用できることを意味している。これが100メートル以上も掘らないと地下水の水面に達しないということになると水を汲み上げるのに大変なエネルギーと費用を要することになる。

　幸いなことに日本は利用可能な地下水に大変恵まれている。浅い層にある地下水は低地のどこにでも存在し、一部では湧出している。我が国では地下水面は5メートル前後が普通である。地下水面は地上から浅すぎても汚染しやすく、かえって利用しにくくなることを考慮するとこの5メートルの深さというのは理想的ともいえる（建設産業調査会「地下水ハンドブック」）。したがって、井戸、ポンプによって容易に良質の水を汲み上げて利用することができるわけである。関東平野、大阪平野、濃尾平野などには莫大な量の深層地下水が存在する。たとえば、関東平野における賦存量は群馬県八木沢ダムの2千個分に相当し、東京都の使用水量の400年分に相当する。

　都市用水の水源別構成は河川水70％、地下水30％となっており、地下水への依存がにわかに目立ちはじめている。日本の地下水は広く利用されており、地質的にも良質水が多い。表流水、地下水ともにすぐれた質を維持している。

水の利用状況　　洗浄が主流に

　我が国における水の利用状況は、全国合計で810億立方メートルであり、このうち農業用水が540億立方メートルで圧倒的に多く全体の実に3分の2を占めている。これは主に水田用である。次ぎが生活用水で150億立方メートル、

そして工業用水が110億立方メートル。生活用水のうち家庭用水の内訳は、トイレが28％、風呂24％、炊事に23％、洗濯16％であり、洗浄のための消費が非常に多い（国土交通省「日本の水資源の現状と課題」2014年）。

　工業製品にも予想外に水が必要である。乗用車1台を生産するのに全工程で400トンの水が必要である。工業用の水を水源別にみると、回収水（水の複数回使用）が大体半分であり、地下水が4分の1、残りが河川、上水道それぞれ1割強である。工業用の場合には回収水や地下水の利用が盛んなのが特徴である。

　我が国のように水道の蛇口から出る水を直接に安心して飲めるところは世界中でもそう多くない。しかし、最近は水道水の品質が悪くなったとしてミネラルウォーターの消費量が鰻登りに増えている。豊富な水資源の上にあぐらをかいていては利用者から見放されてしまうという警鐘として真剣に受け止めるべきである。

58　　第六章 清らかな水

第七章　呼吸する森

日本原産の植物

　趣味に乏しい私だが、植物が好きだったので、国内でも東京小石川植物園（東京大学の付属施設）、北大や京大農学部の植物園、高知市郊外にある植物学者牧野富太郎博士を記念して造られた高知県立牧野植物園など世界でも一流とされるすぐれた植物園を訪れるのが楽しみの一つだった。

　三年間のロンドン滞在中には郊外にある**キュー・ガーデン植物園**に何回となく足を運んだ。英国人が誇りとする世界でも破格の規模の収集品種を備えた広大なこのキュー・ガーデン植物園では多くの樹木に個々に実に詳しく標札や解説が掲げられていた。英国人の几帳面さに心から敬服するとともに、私はそれらを通じて、世界で現在自然に見られる植物のなかに日本にしかなかった原産原生の品種が少なからずあることを教えられた。例えば、椿（つばき）の学名はＣａｍｅｌｌｉａｊａｐｏｎｉｃａｌｉｎｎ．とある。冬の寒い季節でも赤い花を木いっぱいにつける椿は今日世界各国で園芸、植栽などの上で極めて大切にされている。

　そこで日本原産という説明書きのある植物をほかに探していくと、春を彩る見事な桜である染井吉野（そめいよしの）、鮮やかな紫を演出する初夏の藤（ふじ）、紫陽花（あじさい）、そして燃えるようにゴールデン・ウイークを謳い上げる赤・オレンジ色の皐月（さつき）、秋に山を紅葉色に染めるおおもみじ、そして柿（かき）。冬の風物詩・山茶花（さざんか）などはもともとは世界では他にみられず日本にしかなく、原生（一部は交配）していたものだった。いずれもそのすばらしさから欧米各地に移植され、世界中に広まった。紫陽花（あじさい）は19世紀末に日本を訪れた多くの欧州人によって持ち帰られ交配された結果、洋風アジサイとして花ぶりを大きく変えて日本に再上陸し、一部は今日、家庭の園芸用として我々を楽しませてくれる。

　ドイツ人医師シーボルトが長崎に来て日本の植物相の多様さ、見事さに驚嘆したのは当然のことだったのだろう。

　日本原産・原生の植物の特色は似たような他国原産の品種があるなかで

色が格段に鮮やかな点である。日本の自然は色とりどりで誠に美しい。例えば赤と黄色と緑色の木々が混じり合う野山の紅葉の壮大な美しさは世界でもほぼ日本にだけにしか見ることはできない自然の造化神の貴重な作品である。桜の淡いピンク色に彩られた日本の春は季節感にぴったりと調和して息をのむほど美しい。

木の国、森の国日本

　我が国の森林面積は25万平方キロメートルであり極めて広い。森林が国土面積の68％を占めており、国土の森林被覆率が非常に高い。その比率は森の国と言われるフィンランド、ノルウェーといったスカンジナビア諸国にほぼ等しい。米国の33％、フランスの28％など他の先進国に比べると森林の占める割合が飛び抜けて高い。全地球の森林面積の比率が約30％であり（国連食料農業機関（ＦＡＯ）統計）、我が国がいかに森林資源に恵まれているかが分かる。間違いなく「木の国、森の国」である。

　森林は毎年落葉することによって必要な成分は下地に還元され、生産力は維持される。このように養分の循環面で森林は自己完結した体系を持っている。肥料などの投与をあらかじめ予定せずに年々拡大、成長していく存在なのだ。ちなみに常緑樹の場合でも葉が一年を通じて生え代わるので落葉の量自体は落葉樹とさして変わらない。

　森林が形成されるにはある程度の幅の気温と湿度を必要とする。高山に登ると高度に応じて森林が途絶えるところを森林限界と呼んでいるがこれは森林が維持される生理的な限界を示している。温度についていえば夏季における温度が少なくとも10度以上は必要といわれている。また湿度については砂漠のような低湿の場合はもとより、湿地では過湿のために森林は成立しにくい。気候の変化に伴って森林から低木地を経て草原へ、さらには荒れ地への移行が見られる。一般に大陸の内陸部は雨量が少ないためにどちらかといえば森林は少ない。我が国は森林にとって好ましいすべての条件を満たしている。

　日本では、白神山地（ブナ林）、屋久島（縄文杉など）、知床、小笠原諸島という4カ所の世界自然遺産はじめ、全国34の国立公園、56の国定公園、日本三

景など、いたるところ青山ありの様相を呈し、山紫水明の国として美しい国土をなしている。

森林の凄い機能

森林のもつ機能はまことに広範である。

まず、森林は**光合成**によって太陽が放射するエネルギーを有機物に変えて蓄える偉大な役割を果たしている。樹木が太陽に向かって葉を広げ、葉緑素で光のエネルギーをとらえ、気孔から二酸化炭素を取り込み、根から吸収した水を使って光合成を行っている。水と二酸化炭素を原料に太陽エネルギーを利用して有機物と酸素を生産しているともいえる。炭酸ガスを固定し糖類などの有機物を合成する作用である。森林生態系は単位面積あたりの葉量が多く、立地面積の5倍から10倍に及ぶほど広い葉の延べ面積を擁しているのでいわば有機物生産の巨大な工場であり陸地植物の純生産量の半ば以上を占めている。この光合成作用があらゆる生物の生存の根源に位置していることは改めて申すまでもない。

加えて、緑の葉は太陽の光を摂取して光合成により空気中の二酸化炭素を酸素に戻し**空気を浄化**するという重要な作用を担っている。

人類がエネルギーを消費する際に放出する二酸化炭素が空気中に増大し炭素と酸素の量の均衡が崩れがちなのを樹木の作用で光合成により炭素を吸収し空中に酸素を放出することによって正常に保つという循環作用を行っているのである。

緑が増えれば葉に蓄えられた水分の蒸発が活発になって太陽光線の強すぎる作用を和らげる役割を果たす。樹木が水分を放出するという**蒸散作用**で熱が下がるのだ。この冷気は周辺にも流れ、都会のコンクリートやアスファルトの熱を吸収する役割を果たしている。たとえば、東京のなかで、鬱蒼とした林に囲まれた皇居の中とその周辺部の地表面温度を計測した結果では、春、夏を通じて皇居の方が摂氏3度ほど低くなっているという。

大切なこととして森林には人間にとって不可欠な水や雨水をつなぎ止めるかたちで**保水する機能**がある。林地の表面には落ち葉などが大量に堆積しそれらのすきまが雨水を一時的に蓄えるなどの作用をする。水量を人間

第七章 呼吸する森　61

や自然界に利用しやすいように調節する巨大なダムのような役割を果たしているのである。上流などの流域に雨が降らなくとも川が常に澄みきった水を湛え、流れを保っているのは、一部には森林の保水作用のなせる技である。川をきれいにするには回り道で山に木を植え森林を確保しなければならない。

日本の森林分布

日本には四つの森林帯が分布している。北から北海道を中心にして本州にかけて針葉樹林帯がある。そして、本州には落葉広葉樹林帯と常緑広葉樹林帯がある。これに加えて南西諸島には亜熱帯にマングローブなどの亜熱帯常緑広葉樹林帯が広がっている。それぞれの森林帯が、亜寒帯、寒温帯、暖帯、亜熱帯の気候区分に対応している。

日本全体の森林蓄積量は20億立方メートル内外と試算されており、そのうち3割が北海道に分布し、7割が本州、四国、九州に分布している。

現在、我が国の森林の全面積は針葉樹林が53％、広葉樹林が47％であり、針葉樹と広葉樹の比率がほぼ伯仲しているのが特徴である（林野庁「森林資源の現状」平成24年）。

まず**針葉樹林帯**。針葉樹は針のように細長く固い葉をつける樹木である。松葉を思い出すと分かりやすいかもしれない。自然環境の厳しいところにも適応するので寒帯から熱帯まで広く分布している。杉、モミ、トウヒ、松、槇（マキ）などが代表的な針葉樹林を形成している。本州、四国、九州には杉が最も多い。人里に近くの地域でよく目に触れるのが杉林である。マツ、ヒノキがそれに次ぐ。

松は全国どこでもみられる。そもそも我が国の国土には松は山の上や海岸など痩せた土地にしかなかった。それがあらゆる地域に広まったのは日本人の松への愛着のたまものである。能舞台の松の図に代表されるように日本の景観や文化を桜や楓（かえで）とともに体現しているのが松である。

亜寒帯、亜高山帯を代表するのが常緑針葉樹林であり、北海道ではエゾマツ、トドマツ、本州では、杉、シラビソ、トウヒ、コメツガなどが広く分布している。針葉樹は普通は常緑樹林だが、冬季寒冷で雨量の少ない内

62　　第七章　呼吸する森

陸部ではカラマツ林のように落葉する針葉樹林がある。北海道の場合、エ
ゾマツ、トドマツは大きくなるのに70年かかるがカラマツだと35〜40年で
大木になる。本州では太平洋岸はシラビソ、コメツガなどの針葉樹林が多
く見られる。

　第2が、春には新緑の芽を吹き夏に葉が茂り、秋から冬にかけて落葉する
種類である**落葉広葉樹林帯**である。北海道から本州中部にかけて広がって
いる。林内に笹が茂ることが多い。夏緑樹林とも呼ばれ、ブナ林によって
代表される。我が国ではブナ、クヌギ（どんぐりの木）、ミズナラ、ニレ、菩提
樹（シナノキ）、モミジ、カエデ類、サワグルミ、カシワ、トチノキ、クリ、シ
デなどの樹林が典型的なものだ。夏緑樹林は四季の移り変わりがはっきり
していて乾季のない冷温帯に発達する森林である。春の新緑の季節の我が
国のブナ林はまことに美しく、またさわやかである。青森県と秋田県の県
境に横たわる白神山地は地球上でも有数のブナ林であり世界遺産に指定さ
れている。

　第3に、**常緑広葉樹林帯**は一年中葉が生い茂り緑を保っている樹木で構成
されている。ただし、常緑樹でも年間を通じて古い葉を落とし一年交代で葉
は入れ代わっている。九州から関東にかけての暖・温帯地域ではシイ、カシ、
タブ、クス、イスノキなどが代表的である。特に本州中央部から四国・九州
にかけてカシ類の林が多い。一般に常緑広葉樹林は、暖帯・温帯の多雨の気
象条件下に見られ、この林の葉は硬く光沢があるのが特徴であり照葉樹林と
も呼ばれている。きわめて多湿なところでは枝や幹に苔などが生える。その
林の中は一年を通じて地表まで緑色であり、湿度が高い。日本では主として
南西部に見られ、西日本にはシイ、カシの名木が繁茂している。

　4番目の樹林帯である**亜熱帯常緑広葉樹林帯**は南西諸島に見られる。カジ
ュマル、マングローブなどの林である。ちなみにマングローブという樹木
群はまことに珍しい植物であり、湖や池、川の満干で海水と淡水が混じり
合うところに生える。普通、陸上の植物は海水を多く含んだ土に根を張る
のはいたって苦手だがマングローブなら可能だ。ここでは葉を食べる昆虫
などの糞がプランクトンの餌になり、それを目当てにカニ、エビ、魚が集
まり、さらにそれらを狙って鳥や動物が来る。その連鎖や共生が海ではあ
りながらその中に樹木を繁殖させている。

第七章　呼吸する森　　63

森林を守るとの観点からすると病虫害、鳥獣害、山火事から守るためには針葉樹と広葉樹の樹木が混在する森林が最も健全だといわれている。

　なお、森林・林業学習館がインターネットのウェブサイトに大変興味深い資料を提供している。我が国の樹木種類別の森林面積の割合についてである。それによると、全国の森林面積のうちでは、杉が一番多く21％、コナラ（ドングリの木の一種）が14％、ヒノキ12％、以下、松8％、モミ6％、ブナ5％、カラマツ4％の順である。面積という点では登場してこないがこのほかに随所に美しい竹林が点在している。

世界の森林

　現在、世界の森林の総面積は35億ヘクタールである。地球上の陸地面積の25％を占めている。

　世界の森林面積のうち先進国地域が43％、発展途上国地域が57％を占めている。そして、発展途上国にある森林の90％にあたる18億ヘクタールが熱帯雨林である。

　原生林の代表が**熱帯雨林**である。俗にジャングルといわれ鬱蒼とした森林である。シベリアの広大な針葉樹林タイガーと並んで「地球の肺」と呼ばれている。一年を通じて温度が高く、降雨量の多い湿潤な熱帯気候地域に見られるのは常緑広葉樹林である。なかには60メートルにも達する背の高い樹木もある。西アフリカのコンゴ川流域や南アメリカのアマゾン川流域のほかスマトラ半島、マレー半島など東南アジアからオセアニアにかけて分布している。

　熱帯雨林の面積は前世紀末までは45億ヘクタールはあったといわれている。

　熱帯雨林は地球の生態系の活性化に非常に重要な役割を果たしてきた。それは地球表面の陸地の6％を占めるに過ぎないが、生物全体の50％以上が熱帯雨林で生息しており、それだけに生態系を支える原動力になっている。また、熱帯地方の人々の食料、燃料の供給源になってきたし、土壌保全、治山治水、利水にも欠かせない。世界的にも木材の供給地であり、農産物の原産地、衣料品の原料の供給機能を果たしてきた。さらに地球気候の安定や二酸化炭素の吸収にも大きな役割を担い続けてきた。

64　　　第七章　呼吸する森

ところで、世界では森林が非常な勢いで姿を消している。ここ半世紀を
とっても、北アメリカでは2割、旧ソ連では3割、欧州では実に6割にも及ぶ
森林面積が失われている。アジアでは1960年から90年にかけて熱帯雨林の3
0%が破壊されたという。

　大自然の名作である熱帯雨林は、世界で残っているのは半世紀前の2分の
1にとどまっている。現在わずかに残っているのはアマゾン川流域、東南ア
ジア、コンゴ川流域など限られた地域だけとなっている。

　熱帯雨林をはじめとする世界の森林の消失・減少の原因はその約半分近
くまでが焼き畑移動耕作に求められる。焼き畑農業というのは、原野や山
林に火を放ち、焼き払って、その焼け跡に残る灰を肥料として利用し作物
を栽培する形式である。作物の栽培はたちどころに土壌から養分を吸い取
ってしまうので農民は次ぎの目的地を求めて移動し、そこでまた草原や森
林を焼き払い農業を行う。それはそのまま森林の消失、荒廃を意味してい
る。

森林の保全に最大限の努力

　我が国でかくも膨大な森林資源が今日なお温存されてきたのは主として
焼畑農業が普及しなかったことに加え、牧畜による森林破壊がなかったこ
とによるものである。また、江戸時代以降、各藩が領地の有効活用を図る
との見地から森林資源の重要性を意識して美林の維持造成を競ったことも
大きく寄与したと見られる。

　日本の農業は水田稲作が中心であり、各藩は水の確保の観点から、農用
地の周囲に水源涵養林を整備しこれを禁伐とした。青森のヒバ林（ヒノキアス
ナロ）、秋田のスギ林、木曽のヒノキ林が日本の三大美林といわれてその典型
である。いずれも天然林であり藩政時代に各藩が保護育成に努力した森林
である。藩内の森林を維持するために無断で樹木を伐採したものに対して
厳罰に処する藩政を敷いた地域もあった。木曽のヒノキ林は林齢250年～30
0年である。

　ちなみに、現在、日本の林野面積の約半分は国などの公的所有となって
いる。

第七章　呼吸する森　　65

我が国では今日でも森林被覆率は非常に高いが、これは実は自然林とともに、過去における大規模な植林、造林の結果である。

　日本の森林のうち天然林は約6割、人工林が約4割であり人工林が想像以上に多いという印象を受ける。つまり、自然のままに見える日本の景色も実は長年にわたり営々と伐採し利用しかつ植樹してきた日本人の努力の結晶としての森林なのである。

　第二次大戦中および戦後の混乱期に森林は大量に伐採されて森林は大いに荒廃した。しかし戦後経済社会情勢が安定した1954年から60年代にかけて有史以来といわれるほどの**大規模な造林作業**が展開された。造林樹種は杉、桧（ヒノキ）が多く、松やカラマツなどの生産性の低い天然林がこれらの樹種に置き換わっていった。さらに広葉樹天然林から針葉樹人工林への転換が試みられた。その結果、森林の総面積はほとんど増減なしにとどまったのである。自然との共生、木を切ったあとに植林する姿勢が我が国の森林を守ってきたといえる。

　ただし、現代になって、過去の大量の杉・桧の造林がいまや花粉症の蔓延という他国にはほとんどみられないマイナス効果を起こしていることも指摘しておかなければならない。

緑を失ってしまった日本の諸都市

　最後に残念なことだが、日本の都市をみると諸外国の諸都市に比べて樹木が大変少ない。緑が決定的に不足しているのである。これは中心街でも住宅街でも変わりはない。太平洋戦争前までは木の国、森の国の恩恵が都市部にも及んでいたが、破壊的に大規模な空襲を受けた後、多くの都市が焼け野原になり、歴史的な人口増という要因も加わって、とにかく迅速な町の復興、生活基盤の確立に精力を傾けざるを得なかった結果、緑の確保がすっかり置き去りにされてしまったのである。しかし、最近では地方公共団体を中心にして緑の重要性がしっかりと認識され始め、追いつき、追い越せという機運が生じている。

第八章　ロマン溢れる海

海の存在

　地球上において、おそらく最初の生物は海のなかから生じたとみられている。このことから明らかなように海こそ生命の故郷である。地球に生存する1千万種を超える全ての生物はおよそ36億年前に海から生じた生命にその起源をもっている。生物たちは外部環境であった海を体内に持ち込み内部環境化することで地上への進出を果たした。例えば、ヒトを含むすべての哺乳類は例外なく母親の胎内に宿った瞬間から誕生の日まで「海中生活」をしている。胎児を育む羊水もまた血液に由来し海水に似た成分内容をもっている。私達人間の血液成分は太古の海水成分に限りなく近いとのことである。

　こうした大量の海水がどのようにして地球の表面を覆うようになったかについては諸説ある。有力説の一つによれば、地球の表面は初めは岩盤によってできていたが高圧下で溶け出した岩石が結晶化するときにその内部に押し込められていた水蒸気が浸出し集まって海水の源をなすにいたった、ということである。

　今後、海水の量が減り始めると大変なことになる。しかし、幸いなことに、地球全体の**海水の量**は現在観測されたところでは当面、絶対量にさほどの変化はないとのことである。一説によるとむしろ増える方向にあるようである。地球温暖化の影響で氷河や万年雪が溶けて海に注いでいると見られる。そうなると海の塩分は低下してもよさそうなものだが、不思議なことに海水のなかの塩分の濃度は年代とともに特に変化はないという。海水を含め海の解明は人類の歴史のなかで漸く本格化の兆しをみせた段階にすぎない。

　日本とアジア大陸とを隔てる海峡は一番狭い所が200キロメートルであり、英国と欧州大陸とを隔てるドーバー海峡の幅の5倍強に当たる。ちなみに欧州大陸と英国とを結ぶユーロ・トンネルの海峡部分は37キロメートルであり、トンネルの中を走る列車が35分もあれば通過する距離だ。ドーバー海

峡の5倍強、200キロメートルというこの距離は、よく言われているように、日本側にとってアジア大陸から離れて自国だけに耽溺できる状況を可能にしたし、逆に直接にアジア大陸に赴き交流を深めることができる距離でもあった。そうした距離だけがもつ自在性がその都度我が国の折々の歴史、文化を形造ってきたのである。

六世紀、聖徳太子の治世に4度にわたり遣隋使が遣わされたの皮切りにして、大陸で唐王朝が興隆を極めると630年に犬上御田鍬が第一回の**遣唐使**を率いて入唐した。以来九世紀まで十数回にわたり大きな規模で遣唐使の一団が派遣された。その各々は船の漕ぎ手までふくめると250人から500人以上であり、概ね4隻の船に分乗していた。

留学生、留学僧には当時最優秀の人材が選ばれた。その中には後に独創的な発想で日本固有の文化領域を切り拓いていった歴史に残る人達が多数含まれている。日本仏教の創始者となる最澄、空海、万葉人として日本の叙情を気高く歌い上げた山上憶良、書道で当時三筆の一人といわれた橘逸勢などはほんの一例にすぎない。途中、船が難破する事例も多々あり、文字通り生死をかけての文化、技術、情報の導入のための船旅であった。世界最先端の水準のものを自分の目で見聞して持ち帰り、そこに独自の発想を加えて我が国の土壌に移植しようとする当時の人々の燃えるような情熱を見る思いがする。

障害を乗り越えて世界最先端の文化を移植しようとする試みが個々の人達にとって自分の一生涯をかけた、命懸けのものであることは今も昔も全く変わりはない。

海にはそれをひたすら眺めているだけで人を突き動かしていく巨大な何ものかが間違いなく宿っている。

海は広くてとても深い

地球は表面積が5．1億平方キロメートルあるが、その71％が海面である。面積にして3．6億平方キロメート。

海は広いばかりでなく実に深い。地球の陸地の海面からの平均標高差は840メートル。これに対してすべての海を平均するとその水深は3，700メー

トルであり、富士山の高さに匹敵する。平均値がこの数字なのだから驚きである。私たちは海を眺めてその広さばかりに目を奪われがちだが実はその海面の下に底知れない深さを持つ海水の世界が広がっているのだ。

海が形作る日本の地形

　日本の国土をなす現在の地形ははじめから周囲が海に囲まれていたわけではなかった。

　かつて、氷河期までは、アジアを包含するユーラシア大陸の陸地は現在の日本の国土の辺りまで張り出しており、その地形は半島のような形でアジア大陸とは陸続きだった。それが、氷河期が終わり気候が温暖になり極地等の氷河が溶け出すと海水の絶対量が増え地球の海水面がにわかに上昇し始めた。そのために1万2千年前からユーラシア大陸と我が国とをつないでいた陸橋が海に没し大陸と切り離されて島国になった。ユーラシア古大陸の歴史からみると比較的新しい出来事である。

　海水面の高さは絶えず変化するため、その後も日本列島の地形は一定ではなかった。たとえば現在から5〜6千年前には地球温暖化現象により地球の平均気温は現在よりも摂氏3度も高く、海面は今よりも6メートル高かった。そのために、関東地方で言えば千葉県は島として切り離されていたし、東京湾は北に向けて深く切れ込み埼玉県熊谷市あたりまで波が洗っていたという。

海の恩恵は計り知れない

　海は日本人の生活、文化に実に深く関わってきた。

　海は文化や貿易という面になると、むしろ外に向けて積極的な役割を担ってきた。航海術に秀でた民族である日本人にとって海は障害ではなく、**文化の有力な伝導路**だった。

　ユーラシア大陸を東西に貫く「絹の道」（シルクロード）に比べるとその存在感は薄いのだが、地中海諸都市から中近東各地を経てアジアの海岸伝いに日本列島にまでつながる航路は「海のシルクロード」として古くから開けていた。実際に海を介して日本列島には西の大陸をはじめ南からも北から

第八章　ロマン溢れる海　　69

も人や物が絶えず流入してきた。

　他方、軍事の面になると海はがらりと違った表情を見せる。海は日本にとって一貫して**強固な要塞**の役割を果たしてきた。つまり、日本は四方を海の障壁に囲まれて国防への備えがおのずから整った地政学上の位置にあったのだ。

　陸の国境による隣国関係というのは海による国境線に比べると、どうしても相互に緊張を要するものとなりがちである。私は陸による国境線が錯綜していた東欧バルカン地域に所在するルーマニアに赴任していたせいで余計感じるのかもしれない。20世紀の二つの世界大戦はいずれも東欧が直接間接に関係して勃発した。東欧の人口は我が国とほぼ同じ1億2千万人だがそこには12の国が国境を画している。10数の言語、6つの異なる宗教が混在している。各々の国にとって歴史上最も栄えた頃の国境線が本来主張すべき自国領土であると強く認識している。もちろん各国の過去最大の版図同士がスペース的に東欧地区内に収まることはありえない。境界線が先祖代々不分明で、ある時はこちらに食い込んだり、引っ込んだりする歴史を繰り返してきた場合には常に隣国関係にピリピリした神経を使わざるを得ないのである。

　しかし、海を介して他国と隣国関係にある場合には、その関係は自由度が高くなり、勢い善隣関係を構築するのが比較的容易になる。そのときどきに応じ、世界情勢を十分に考慮しながら国家関係をお互いに構築していけるという利点を持つ。海だけがもつごく自然な機能と言えるかもしれない。

　アジア大陸にはこれまでに幾多の王朝・大国が興り軍事的に版図を広げた。そのなかにはたとえば、蒙古のように実際に日本列島へ大規模な軍事展開を企てた国もあったが、ことごとく失敗に終わっている。海の存在そのものが侵略意図を挫く役割を果たしていたし、実際に日本への侵略を意図すれば戦艦等の膨大な軍備や渡航用品を準備しなければならなかった。また、軍隊の展開に際して攻撃側にとって海から陸への兵隊の上陸遂行が必要となるが、一般に上陸作戦や渡河作戦など水と陸との接点での移動において海からの攻撃側は陸で迎え撃つ側に比べると極端に戦闘力が脆弱になる状態にさらされることは古今の戦闘実例や戦術論が教えるところである。幸いにして、日本列島では海が自然の要塞の役割を十二分に果たしてきた。

それがもたらした安全への信頼感はまことに大きなものがあったのではないだろうか。

世界の生活本拠は海岸に向けて移動

ところで、海と人類との関係を語るときに最近注目に値する現象が起こっていることを指摘しておこう。それは、現在、地球上において多くの人々が内陸から海岸に向けて生活拠点を移しはじめているという事実である。

住宅や都市の諸機能が内陸から離れはじめ、海岸地帯に集中する現象がここにきて顕著になっている。海との共生が人間にとって生活を快適にするなにものかを持っているからにほかならない。その結果、世界人口の実に60％が海岸から100キロ以内の、地球全体の地図からみれば実に狭い地帯に集中して住むようになった（国連統計）。特に中南米、アジアでは面積としては広大な土地を有しながら住んでいるところといえば海岸沿いの狭い都市空間に集中しているのが実情である。

国土の中央に広大で肥沃な土地をもつ米国でさえ、最も激しい人口増加は海岸にある諸都市で起きている。中央の地帯から東西両端の大西洋および太平洋沿岸地域に向けて**人口移動**が起こっているのだ。中国では長い歴史のなかで大陸内部大河沿いに巨大な都市が構築され内陸部が比較的多くの人口を養ってきた。しかし最近では沿海部への人口流出が目立つようである。沿海部（4億人）と内陸部（9億人）に大きな経済格差が出来てしまった。沿海部など都市住民の一人あたり年間可処分所得は、内陸部住民の約3倍（2009年）になっている。

我が国の**海岸線**は国土面積に比べて極めて長く延長3万4千キロメートルに上る。日本の21倍の面積を持つ米国の海岸線延長の7割に相当する長さであり、地球一周の85％にあたる長さである。人が快適に住むには水を必要とする。その最も豊かな水を象徴するのが臨海都市である。全国の市、790のうちその48％が直接、間接に30キロメートル以内に海をもつ都市である。これは世界各国からみて極めて高い比率だと考えられる。

第八章 ロマン溢れる海　71

海が果たしている役割

　日本には海の恵みがある。

　海の持つ機能を改めて一般論としてまとめておきたい。

　まず、海水は空気に比べると温まりにくく、冷えにくい性質をもつために、海は太陽エネルギーの巨大な**貯蔵庫**の役割を果たしている。冬はより温かく、夏はより冷たくする作用がある。臨海地帯が温和な気候に恵まれるのはこのためである。事実、世界でも臨海地域に観光地、保養地として有名な所が多い。そして、さわやかな風をもたらす。これは海水の熱容量が陸地の土壌や岩石に比べて二倍もあるため、海洋と陸地が接しているところでは、その温度差から大気が移動し海陸風が吹く現象が生じるからである。

　また、海は生活空間として**奥行き**を与えている。海があると空間に広がりや深みをもたらす。海の色は、時に真っ青に、時にくすんだ色へと変幻自在に表情を変えるが、これはその時々の空の色をそのまま反射するためである。海は魅力ある景観を形成し、貴重な観光資源を提供している。

　次に、食料として**水産物**を豊富に提供してくれる。貴重な動物淡白や海草類が利用できる。海はまた、塩や希少貴金属、マグネシウム、マンガン、石油、天然ガス等の資源を蔵している。そして海洋産業の開発が可能である。

　経済的機能としては、海を介して他国との**交易**が大規模に行える。港の機能を活用して国内の輸送、交通が活発化する。

　廃棄物処理としても利用できる。東京湾の夢の島などはその典型的な例である。**下水の処理**ができる。これは垂れ流しという意味ではなく、浄化した水を海に還元することができるわけである。土壌と並んであらゆる有機物を浄化する機能を持っている。

　政治的機能としては、前述のとおり**国境画定機能**がある。国防上、要塞としての機能を持つし、海の存在により入出国の管理が陸上国家よりもはるかに容易になる。

他方、海の脅威も極めて大きい

　他方、海が持つ短所も挙げておきたい。

　まず、四方に海を抱えているということは災害面で津波や台風、洪水、豪雨による土砂崩れなど我が国の国土が自然の脅威にさらされやすいことを示している。他の国に比べると災害頻度がかなり多い。**台風、豪雨**災害などは海の蒸気が巻き上げられて起るので海と密接な関係がある。2011年3月11日の東日本大震災における巨大な津波や2018年に西日本を襲った大豪雨は、海に面する日本列島の脆弱さを衝撃的な形で我々日本国民にまざまざと教えた。日本における自然の猛威は海に由来することが多いのである。

　気候の面では、冬にはシベリアからの寒風が日本海を渡り来る際に湿気を吸収し日本海側に大量の雪を降らせる。**豪雪**は住民の生活を厳しく制約する。また、夏の非常に蒸し暑い気候は海がもたらす現象である。そして、将来的に見て地球温暖化が進んだ場合には海水面が隆起し各地で陸地浸食が起ることが懸念される。

　海岸線が入り組んでいる結果、**道路網が複雑**になり効率的な物流ラインを構築することが比較的難しくなる。

　そのほかの論点としては、我が国のように四方を海で囲まれている場合には、どうしても外国から孤立しがちになり、外に向けた努力を続けないと「島国的」「**閉鎖的**」になりがちとなる。どちらかといえば交流が一方通行になる。過去において鎖国という形で国を閉じてしまった極端な経験があるだけに十分に注意しなければならない。

海が介添えする日本の地理的位置づけ

　海に囲まれているという意味をもう少し地理的に見ていきたい。

　日本列島は海を介して西および南西には文化的に同じ価値を共有する中国や韓国をはじめとする東アジア諸国、東南アジア諸国と接している。この位置は、**日本のアイデンティティー**（同一性、共通性）がアジアにあるという意味においてなにものにも代え難い重要性を持つ。特に、中国の世界における急速な台頭にともない中国と日本とはあらゆる面で強い接点を形成していくことになろう。

第八章 ロマン溢れる海　　73

北西には世界政治や世界に対するエネルギー資源の供給国として大きな存在であるロシアと相対している。

そして、東には太平洋を隔てて米国大陸と向かい合っている。パックス・アメリカーナ（米国の力による世界平和の維持）時代に北米大陸と海を介して隣国関係にあったことは刺激を受ける意味でも、市場を相互に得る意味でも貴重なことだった。太平洋の対岸にあって、米国が通商の交流の基点の役割を維持し続けてきたことの意義はまことに大きい。つまり、米国はアジア諸国の活力の牽引者なのである。

世界の金融、技術、経済量の重心が漸次太平洋圏の方に移行しているがこの変化を確かなものにするかどうかの鍵を握っているのが米国である。米国は大西洋国家としての顔と**太平洋国家**としての顔の二つを併せ持っている。そして米国内部では経済の重心が東から西に、大西洋から太平洋へと漸次移りつつある。事実、人口が一番増加しているのは太平洋の沿岸地区であり、サンフランシスコ郊外にあるシリコンバレーなどはその典型だ。

海を介して日本は豪州等やラテンアメリカ諸国とも深い関係を持っている。

政治・経済・資源などの面で間違いなく世界の大国である米国・中国・ロシアの3カ国と海を介して直接つながりをもっていることは地政学、ないし地経学的にみると、日本という国が、終始、世界の日々の動向に対して反応せざるを得ない状況に置かれていることを意味している。

日本は世界の海の実に約半分（46％）の面積を有する広大な太平洋に面しており、多彩でかつ有力な国々と向かい合っているのだ。

重ねて強調するまでもなく、日本を取り巻くこれらの太平洋沿岸諸国は20世紀後半以降、世界最大の発展地域を形成してきた。日本はまさにそこに位置している。

今日、拡大する世界経済は広大な太平洋という大海を欧州・北アフリカにおける地中海と同じような意味で内海にしてしまった。

現に太平洋を囲む**環太平洋諸国**の合計は、世界の人口の36％、世界全体の経済活動量であるＧＤＰに占める割合は53％、つまり、世界の経済活動の半分以上にまでなっている。経済規模にして39兆ドルであり、欧州連合

74　　第八章　ロマン溢れる海

（ＥＵ）17兆ドルの2．2倍の規模（以上2013年統計国際通貨基金エコノミックアウトルック等から作成）である。この地域はやがて21世紀中には世界のＧＤＰの6割を越すのではないかとの予測さえ出されている。

　特に注目されるのは太平洋沿岸の**東アジア地域**であり、アセアン（東南アジア連合）の10カ国（フィリピン、インドネシア、ブルネイ、シンガポール、マレーシア、ミャンマー、タイ、ベトナム、ラオス、カンボジア）とアジアＮＩＥＳの3カ国（韓国、台湾、香港）プラス日本と中国といった国々が存在する巨大な地域である。

　これを、海で繋がれた日本を含む東アジア15ヵ国間についてみていくと、貿易は、かつての欧米への依存状態を脱して輸出、輸入ともにその半数が域内貿易になっている。東アジア地域における産業高度化の連鎖の過程で貿易・投資が重層的に発生し、貿易と投資が域内で循環する構造が生まれている。東アジア経済はこれまでに経験したことのない強い相互依存状態に到達しており、経済的、社会的に一体性を強めている。

　東アジアは他の地域を上回る人口増加と一人あたり購買力の上昇によって、世界における巨大な消費市場を形成しはじめている。そして貿易や為替取引から集積する外貨資産の象徴である外貨準備を合計すると6・5兆ドル（世界銀行（ワールド・バンク）統計 2013年）となっている。これは世界の外貨準備合計の実に6割弱にあたる。

　日本から放射線状に広がり、つながったタイ、シンガポール、マレーシア、インドネシアなどで部品の相互融通をはかり、デジタル化革命に先導される形でどこの国でも組み立てられるという地域的な調達ネットワークができ上がっている。地球的規模の部品の往来と顧客からのグローバルな要求とをうまく接合することに成功したわけだがそれにはこれらの国に介在する海の存在、海運の存在が大きな役割を果たしている。

海洋国家日本

　海を抜きにして日本を語ることは出来ない。

　21世紀はあらゆる意味合いで「海洋の時代」の到来を思わせる。日本はまさに海洋国家なのである。

　海洋国家とは何か。高坂正堯著「海洋国家日本の構想」（中央公論社）によ

れば、海に囲まれていて、海岸に立地した都市、ないし港の機能が活発であることが基本をなし、その上に自国保有の商船隊が発達していることや、国民や政府が海の重要性を理解していること、などの諸点を備えていることとされている。難しい言葉で言えば国民や政府が海洋史観を持っているということのようである。

　海洋史観に立つということは、海という視点から地球を見るということである。日本では古くから財貨サービスの大方が海を経由して到来した。そのため、海を通じて地球をみる感性が備わっていたといえる。

　日本の商船隊は仕組み船や外国傭船として日本の船会社が実際に動かしている数を含めるとその数は2，500隻、総量で1．9億重量トンに上る。世界の海上輸送に占める我が国の比率はおおよそ10％である (2016年 日本船主協会編「海運統計要覧」)。

世界でも珍しいほど良港に恵まれた日本

　海運が発達するには商船隊や造船業が大切だが、それに劣らず重要なのが国内における港湾の存在である。

　我が国ほど港が多数ある国は他にないと断言できる。日本には全国で実に1千もの数の港がある。そのうち「重要港湾」と言われるものが130前後あり、そのなかで我が国における**中枢国際港湾**は、横浜、東京、千葉、川崎などの東京湾の港湾、神戸、大阪などの大阪湾の港湾、名古屋、四日市などの伊勢湾の港湾、北九州、博多、下関などの北部九州港湾、の四つである。これらがそれぞれの機能を発揮し、それに対応した企業立地が進み、日本の海運による輸送は世界でも指折りの体系になっている。

　事実、日本には世界的にみて優れた自然条件を備える良港が少なくない。総合力ということになると横浜、神戸、東京大井港、大阪など日本の多くの港が天然の良港の条件を満たしている。なおかつ、これらの港が一か所に集中することなく、日本列島の要所ともいうべきところに随所に分散している。自然の恵みというほかない。

　一般に**よい港の条件**としては、国際港の場合であれば岸壁の水深は14メートル以上が要求される。また、そこに至るまでに広くて適度の深さを持

76　　第八章 ロマン溢れる海

つ航路が必要であり、かつ途中に狭い海峡等の障害がなく、5～7万トン級の大型貨物船が公海から自由に出入りできることを要する。打ち寄せる波がそう高くなく、風も一年を通じてほどほどであることが重要である。海底にあまり砂が堆積しないことも重要である。そして背後に貨物の積み下ろしや倉庫等のための十分な空間を持ち、消費地に近く、道路、鉄道などの輸送網が発達していなければならない。世界を見渡すとこのような良港といえる立地条件を備えている港はそう多くない。

大動脈海上輸送

　海を経由しての輸送は世界的にますます盛んになってきた。海上輸送は大量輸送に適している。海上輸送は世界の貿易貨物の大半を受け持っており、石油、鉱物資源、食料、機械製品など重量物を中心にさまざまな貨物を運んでいる。

　特に最近では、海上輸送は世界経済のグローバル化を如実に映して速いペースで伸び続けている。2014年現在、世界では年間105億トンぐらいの海上荷物が動いている。平均すると毎年3～4％くらい伸びている。日本は世界の海上荷動き量のうちおよそ1割（9．1％）の比率を占めている。たとえば鉄鉱石、石炭の海上輸送は世界全体の2割から3割が日本の商船隊によるものであり、資源輸送面で我が国の商船隊が世界でも大きな比重を占めていることが分かる。

　日本は典型的に原材料を輸入しこれを加工し製品として輸出する「加工貿易の国」である。これを可能にしたのは日本が四方海に囲まれどこからでも原材料が運べる地理的条件を満たしていたからにほかならない。仮に日本の国土が陸に囲まれていたなら、鉄道輸送しか手がなくこのような大量の原料輸送はそもそも不可能だったはずである。空路を使ってもその輸送力は小さいし輸送コストは高く、経済的にとてもやっていけない。海洋国家だからできた話なのだ。

　海の輸送は**貨物のコンテナ化**を介して完全に陸の輸送と連続することになった。コンテナ輸送の特徴はコンピューターが港ごとの積み荷の船内における配置を指示し、例えば、コンテナ船が寄港する港順に上から積み下

第八章　ロマン溢れる海　　77

ろししやすい順に配備するなど合理的な仕組みになっている。

　日本を起点として宅配便のように世界の主要な消費地、生産地に日常的に接続している。

　横浜港からの例であればコンテナ船は横浜の埠頭を土曜日の午後2時に出航すると8日後の、つまり次の週の日曜日の午後6時にはロスアンジェルスに着き、運ばれた大量の商品は翌日には店頭に並び、ショッピングに供される。さらに東海岸へということであれば横浜を出て13日後の金曜日の午前10時には5大湖地方の中心地シカゴに貨物がぴたりと着く。

　この結果、ものをどこで作っても、輸送コスト、輸送時間、利便性に関する限り、距離のもたらす障害は小さくなった。生産がデジタル仕様になったので何処で作っても製品の精度は同じであり、グローバルな分業が可能になった。その意味で日本はすでに「グローバル時代」に対応した体制を整えている。国内で作ろうと、海外で作ろうと、時間も運賃コストも問題にならない時代に入ったのである。

　我が国に出入りする**国際貨物**は重量ベースでみると99・7％が海上輸送によるのは当然であるとしても、金額ベースでも年間輸出入合計160兆円のうち航空輸送に高価貨物が集中しているにもかかわらず76％が海上輸送による分である（2016年日本船主協会「海運統計要覧」）。大量の貨物を安価に運ぶという点で海運は比類なく優れている。かつ長距離輸送に適している。

　そして、**内航海運**では海に面した国内の沿岸諸都市を結ぶ航路が網の目のように発達している。2014年の全国国内貨物輸送量はトン・キロベースの輸送分担率でみると自動車51％、鉄道5％、航空0．3％に対して内航海運は実に44％のシェアを占めている（日本船主協会「海運統計要覧」）。

　今後とも、海をあらゆる面においてどのように活用していくか、一方、海がもたらす脅威（台風や洪水等の大災害）をどのように制御していくかが日本の命運を決することになろう。

第九章　将来に不安を宿す食料事情

食生活の基本

　世界の食生活を食体系別にみると、**二つの大きな流れ**がある。一つはアジアを中心とする米食系統であり、いま一つは欧米を中心とした肉と小麦が主食の食肉系統である。

　米はアジア人の主食であり、小麦は主として西欧人の主食である。穀類の中では世界の人口比で見ると主食とする割合は米と小麦とがほぼ半分づつを占め両者の割合は拮抗している。

　回教徒は豚は食べないし、インドのヒンズー教徒は牛は神聖なものなので食べない。日本人は犬は食べないし、ユダヤ教徒は肉と乳製品とを一緒には食べない。このように、人間や民族の間では食べる対象が多少異なっている。しかし、基本的には、どの民族も、穀物ないし肉を主食とし、野菜ないし魚等を副食とする食生活を営んでいるという点では変わりない。世界各国における食卓をみても食材の種類、量が実に豊富になった。これは農業における品種多様化の努力もさることながら、流通・輸送革命により、遠隔地から鮮度を保持しながら大量に運搬することが可能になったことが大いに寄与している。

　西欧、米国では食費全体に占める経費の面では肉類の比重が非常に大きい。これは所得の上昇に伴い、穀物を直接摂取する形態から、飼料穀物等を摂取する畜産物を摂取する形態、つまり、穀物を間接摂取する形態に変化していったことを物語っている。

　ちなみに代表的な飼料穀物であるトウモロコシについて言えば、豚肉1キロを生産するのにトウモロコシ4キログラム、つまり、4倍を提供しなければならない。鶏肉の場合には2倍、牛肉だと7倍の濃厚飼料を必要とする。つまり、牛肉を消費することは穀物としては贅沢な使い方になるわけである。資源消費との対比での贅沢現象は我が国でもみられ、例えば、水産業ではハマチや鰻（うなぎ）の養殖にはその1キログラムの生産に8キログラムの鰯（いわし）を餌として与えなければならない。

米離れが進む日本人の食事

　日本人はこれまで2千年以上にわたり米を主食としてきた。いわば米文化。米の生産、消費は日本の土地風土によく合っており米に依存した生活様式を確立してきた。古くから、煮炊きした米を主食に据え、これに大豆からつくった味噌汁に魚、野菜を添えるという日本人の基本的な食事形態ができあがった。米と低カロリーの魚と野菜という組み合わせにより栄養がほどよくバランスがとれた食事が実現している。日本人の平均寿命が世界一長いことは日本食、日本料理と無縁ではないと指摘されている。

　最近では、日本人の一人あたりの消費量では、野菜が米を上回り、「米」離れ現象が起こっている。経済成長によって収入が増えると日本人の食生活は豊かになり食材が飛躍的に豊富になった。果物、高級野菜、肉類、乳製品への支出の所得弾性値は高い。すなわち、所得の伸び以上にこれらへの支出を増やしているという傾向がみられる。他面、穀物、芋類などの澱粉質の食料支出に対する所得弾性値は低い。特に米の占める割合が低下している。これをカロリー（熱量）換算してみると米の食事全体に占める割合は1960年時点では、5割を占めていたが、2012年現在その比率は2割強にまで下がっている。他方、小麦は1割強にまで上昇している（農林水産省「食料・農業・農村白書」2016年版）。

　2014年の日本人の1人1日あたりの**カロリー供給熱量**は2，415キロカロリーであり、量的には現代人の肉体的摂取可能最適量のほぼ上限に達しており飽食の時代の真只中にあるといっても過言ではない。

　日本人の食事は米のまわりに実に多彩な副食がならびその種類が多い。これは、欧米を中心とする、牛肉等の肉と小麦から作られるパンを主食とする肉食文化では副食の種類がある程度限定されているのとは異なる行き方を示している。日本人の食事は米のまわりに四季折々に実に多彩な副食がならびその種類が多いのが特色である。

　今日、「スシ」、「テンプラ」、「スキヤキ」、「シャブシャブ」、「テッパンヤキ」、「カイセキ」、「ショウユ」、「トウフ」などの日本語は世界の共通語となっており世界中の人々から愛好されている。多彩な食材を生のものをふくめて多様な料理法で捌き、見た目も美しくきめ細かに盛りつけをする「日

本料理」は世界各地で極めて人気があり、健康食としても高い評価を受けている。

エンゲル係数の上昇はそのまま日本の生活の質の低下を示している

　日々の生業（なりわい）の中での食生活の比重を推し量る尺度に「エンゲル係数」がある。

　これはドイツの社会統計学者Ｃ．Ｌ．Ｅ．エンゲルにより提示されたもので、生活費に占める食費の割合として表わされる。エンゲルは所得水準が上昇するのに伴って食費の割合は低下するとの法則を世に示した。つまり、貧しいときはとにかく生き抜いていくことが課題となり、まず食べ物を確保することが必須となる。生活費のかなりの部分が食費に消えてしまうのでエンゲル係数は高くなる。所得が上がり生活に余裕ができるにつれて他の支出項目への出費が増えて食費の比重すなわちエンゲル係数は下がる、というものである。つまり生活が食料を確保するのに精一杯なときは生活は豊かとはいえず、その比率の低下はそのまま生活の余裕ないし豊かさを示す、というのがエンゲル係数の含意だ。

　我が国のエンゲル係数は戦後しばらくの期間は50％台であり大変高い水準にあった。食費が生活を直に圧迫していたのである。しかし、その後、エンゲル係数は低下の一途をたどり2013年頃までの約20年はほぼ23％台で推移してきた（農林水産省「食料・農業・農村白書」）。ちなみに、フランス23％、英国22％、ドイツ19％、米国は15％（以上2010年）であり、我が国の水準は国際的にみて「やや高い程度」という状態にとどまってきた。しかし、最近、2014年からの5年間は急激に上がり続け2017年には実に25．7％になってしまった。29年前の昔の水準に戻ったことになる。近年の高いエンゲル係数は我が国の消費者が生活していく上で食費の増加に悩まされている姿を浮き彫りにしている。現代の日本人は確かに生活が苦しくなっている。

農業とは何か

　食料問題は農業の動向がその基礎をなしている。

　農業とは自然の恩恵の下で作物の栽培や家畜の飼育によって食物を生産

第九章　将来に不安を宿す食料事情　　81

する活動である。作物、家畜類を用いて植物群のもつ光合成能力を生存エネルギーすなわち食料として収穫するものであり、1万5千年前に始まる後氷期間の地球温暖化を背景にして人間により営まれてきた最古の、かつ最も重要な産業である。

世界の陸地総面積130億ヘクタールのうち、農用地にはその3割に当たる43億ヘクタールが利用されている。農用地のうち15億ヘクタールが耕地および永年作物の作付け地であり、29億ヘクタールが牧草地及び採草地である。世界では酪農のための放牧地が農作物をつくるための農地の約2倍もあるわけである。酪農は土地の飼料生産力を利用して家畜を飼育するものであり、広大な牧草地を確保することが基本となる。

農業はその性格上、自然条件の強い制約の下におかれる。各地域の食料生産力は、地球上の各地の環境により概ね決まる植物生産力に密接に関係している。

作物の栽培に影響する**自然条件**としては、大きくいえば、気候、水、土、などである。具体的には、まず気温であり、その最高、最低、平均などがすべて影響を与える。次いで降雨量。これは、年間降雨量、作物生育期間中の降雨量、作物生育期間中もっとも決定的な期間における降雨量などが影響する。更には地形、土壌の状態であり、これは地質、土壌の肥沃度、酸性度などである。また地下水の水位も影響を与える。そのほかに塩害の有無、無霜期間の長さ、などがあげられる。

興味深いことは穀物や野菜等は種類によってその好む自然条件がさまざまであるということだ。例えば、雨量についていえば、米はある時期に多量な雨を必要とするが、麦は乾燥した気候を好み雨はほどほどの方がよい。

また、自然条件のなかでは、地下水の水位、土壌の肥沃度、などはある程度人為的に改変することができる。しかし、全体としては農業環境の抜本的改変はとても人間の手に負えるものではない。農業生産力の相違は自然の恵みの如何によってある程度は決まってしまう。

農産物生産の問題点

農産物生産で問題になるのは、価格の変動が激しい点である。農業生産

はその時々の天候等に大きく左右される。景気循環とは直接関係がないので不況期に豊作の波がぶつかってしまうと農産物価格は暴落する。農業は多数の小規模経営から成り立っており、市場が自由競争的であり、かつ価格の下落に対してただちに生産の縮小が行われにくいのでその皺が価格に寄るため**農産物価格**は大きな変動を繰り返す。

　もう一つの問題点は農業は天候に著しく左右されるため**豊作、凶作**の繰り返しになる。行き過ぎた豊作でも凶作でもいずれも農家にとって深刻な経営問題を引き起こすことになり事態は容易ではない。特に凶作が続くと人類は生存そのものを脅かされる。1万年のあいだ人類は農業の凶作に悩まされてきており今日なおその呪縛から開放されていない。穀物の主生産国である米国、ロシアがほぼ同じサイクルで同調的に干ばつを経験している。過去を振り返ると約10年続く干ばつ頻発期が過去に20〜30年の周期で発生している

　世界の歴史は過去6，000年に約600回の大飢饉が発生し多数の餓死者を出したことを教えている。確率的には10年に一度という周期になる。大飢饉の発生の多くは干ばつと低温のためとのことである。例えば、インドのデカン高原と中国北西部を襲った1876年の干ばつはほぼ3年間にわたりほとんど大した降雨はなかったという厳しさであり、1，500万人が餓死したといわれている（レスター・ブラウン著「地球白書」ダイヤモンド社）。

三大穀物——米、小麦、トウモロコシ

　ここで、米、小麦、トウモロコシという世界の3大穀物について述べておきたい。世界の穀物の総生産量は2010年において年間21・7億トンである。内訳は米が6．7億トン、小麦が6．5億トン、トウモロコシが8．4億トンである。そしてその他ということになるがその量ははるかに小さい。

米

　まず、米であるが、米は稲の雄しべの子房である果実を脱穀、精米した上で炊いて主食に供される。

　米はカロリーが高く、植物性蛋白質を多く含み、ビタミンやミネラルな

第九章　将来に不安を宿す食料事情　　83

どの含有量が高い。食品として最優秀の作物であり、米だけ食べていても必要な栄養素をほぼ賄うことができるほどである。まさに驚嘆に値する自己完結した穀物である。

　国連食料農業機関のまとめによると2014年の世界の米生産量（もみベース）7．4億トンのうち中国が2．1億トン、インドが1．6億トンを占め、両国で全体の5割弱を占めている。日本はおよそ1,100万トン、世界第10位であり、世界生産の1．4％である。米の生産はその9割以上がアジア地域で行なわれ、その消費もほとんどはアジアでなされており、文字通りアジア諸国民の食生活の中核をなしている。人口比で見ると米は世界の人々の約半数が主食としており極めて重要な農作物である。アジア以外の生産国としてはブラジル、米国（カリフォルニア州）などである。その味覚は生産国間でかなり接近してきているがその中では日本産が非常に人気がある。

　アジア地域では、米の平均収穫量は1950年代には1ヘクタールあたりで1．1〜1．5トンにとどまっていたが、1970年代に入って以降、高収量品種の導入および化学肥料や農薬の大量投入、さらには灌漑施設の普及などの努力により2．5トンにまで増加している。これは後に「**緑の革命**（グリーン・レボリューション）」とよばれ、世界の農業史上に不朽の名をとどめる大増産運動の結果だった。「緑の革命」によって、現在ではアジアの多くの国は米の自給を達成している。

　我が国における米作は弥生式文化時代（およそ紀元前3世紀から紀元後3世紀まで）にまで遡る。水田はまず西日本に広がりその後確実な足どりで北上し、8世紀までには北海道を除くほぼ全地域に広がった。米は熱帯性の植物であり、もともと寒さに弱い。日本列島では稲作を寒冷地で栽培する努力が続けられ、北海道ではつい100年ほど前に米作に成功し現在では米の主要産地にまでなっている。北海道の北端北緯45度は世界の**米作の北限地**をなしており、世界の農業技術史上における日本人の貢献を示している。

　米の生産は作物のもつ一般的な生産力の観点から見ても麦類に比べると単位当たり収穫量が高く、生産の安定性の点でも優れている。水田という特殊な施設を利用することにより、肥料が少なくて済み、しかも連作が可能である。水田の機能を通じて地力の衰えを防止できる。狭い土地の有効利用に適している。つまり、その高い生産性ゆえに多くの人口を養うこと

ができる。もちろん、そのためのインフラストラクチュアーの整備は忘れない。灌漑、水利、河川の堤防工事、分水のための溝の造成などへの配慮が必要である。また、早稲、晩稲、寒冷地適応種などの技術努力が要請される。我が国の農家は農用地面積が極めて狭かったため高収量の新品種をいかに創出するかについて努力を重ねてきた。

小麦

　小麦の生産地は全世界の広い地帯にわたって分布している。米の生産地がアジアなど比較的狭い地域に限定されているのとは対照的である。

　麦類の栽培は紀元前6,000年ごろにメソポタミア地方の北部高原で始まったとされている。小麦の栽培適地は概して乾燥性の草原であり、寒暖の差の相当厳しい地域である。麦類の栽培は熱帯の高温多湿地域には適していない。

　小麦は、中国、米国、ロシア等が世界でもっとも大きな生産国だが、世界市場への供給能力という点で小麦の主要輸出国をみると米国、カナダ、オーストラリアの3国である。これら3カ国だけで世界の小麦輸出の半分以上を占めている。アジア、アフリカ、欧州諸国は米国等の小麦に多くを依存している。

　米国、カナダ、オーストラリア3カ国が農業生産の歴史に登場するのは農業の歴史のなかでは比較的新しい。これらの地域は18世紀から19世紀にかけて欧州人によって開拓された新しい農耕地だった。現在の小麦地帯はいずれも降雨量の少ない地域に属する。早くから機械化が進められ、大規模農業経営が行なわれた。

　3大輸出国がいずれも大航海時代に発見された**新大陸**にあることは注目に値する。新大陸が大量に小麦を供給するようになって初めて、人類はトーマス・マルサスが提示した食料危機説（幾何級数的に増加する人口と算術級数的に増加する食料の差により人口過剰、すなわち貧困が発生する、との見立て）を脱却することができたのである。

　米国では、ミシシッピー川から東に連なる大農業地帯は少数の農民の手で機械化され広大な土地の耕作が可能になった。また、時をほぼ同じくして運河、鉄道等の建設によって輸送の低廉化が実現し、米国産の小麦が欧

第九章　将来に不安を宿す食料事情　　85

州市場に大量に輸出されるようになった。

トウモロコシ

　米、小麦に次いで重要な作物がトウモロコシである。

　トウモロコシの栽培が始まったのはラテンアメリカのアンデス山麓ないしメキシコ南部ではないかとされている。栽培法が容易であるため広い地域に広がった。ただし、霜に会わないこと、生育のある期間に相当大量の水分を必要とするなど特異の生育環境を必要とする。乾燥の甚だしいアンデス、メキシコ等では灌漑により栽培が普及した。

　トウモロコシは主として家畜の飼料として利用される。日本では祭りなどで出る焼トウモロコシは大人気だが、人間が直接食べる量は限られており、その多くは家畜の餌用として大活躍している。トウモロコシがこれほど大量に供給されなかったとしたら人類は肉、卵、牛乳等の不足に悩まされ、今日の膨大な人口はとても養えなかったに違いない。

　現在、トウモロコシの供出は輸出量で見ると、米国が世界の約半分を占めており、アルゼンチン、ブラジルなどがこれに次いでいる。輸入先は日本、韓国だけで全体の4分の1を占めている。我が国にとって畜産農家を支える貴重な飼料となっている。

危機的な状況にある我が国の食料自給

　日本では主食の米は2014年の時点では全体の97％を国内供給によってまかなっている。また、野菜は80％。しかし、他の穀物はかなりの部分を輸入に頼っており、たとえば小麦の自給率は13％、大豆は7％であり、またかつて100％近い自給率であった果物は現在43％にまで落ち込んでいる（農林水産省「食料・農業・農村白書」2016年版）。

　このように、我が国は国民の食生活を支えるために世界中の市場から農産物を大規模に輸入している。日本の輸入量は世界市場で供給される量の1割弱（9％）を占めている。世界の人口比率が2％程度の国が食料の世界輸入のおよそ1割を占めているのはバランスを欠いている印象を受ける。

　総合的な食料自給率として、食品を熱量すなわちカロリーに置き換えた

86　第九章　将来に不安を宿す食料事情

上で、国民一人あたりが1日にとる食事のうち、国産食料でまかなった割合がどのくらいあるかを示す指標がよく使われる。それによると**日本の総合食料自給率**は1965年は79％だったが、年々減少を続け2014年は39％（農林水産省「食料・農業・農村白書」2016年版）となった。約50年間でほぼ半減したことになる。また、これを各国の穀物自給率でみると我が国の28％に対し、米国118％、フランス176％、ドイツ103％、英国101％（木本書店「世界統計白書」2015〜16年版）である。自給率が100を越えているということは国内生産が国内消費を上回り余剰分を輸出していることを意味している。我が国は主だった先進諸国が100％以上の穀物自給率を維持しているなかで異常とも言うべき姿を露呈している。

　日本の総合食料自給率が低いのは、農業人口が減少し食料の生産そのものが頭打ちの状態にあること、狭い農地事情などが原因して食料の生産単価が国際的に割高となり輸入品が自ずと増える状況にあることなどの生産側の事情に加えて、消費者の側で食生活が変化し米離れが進むとともに副食の比重が増加し食材の多様化が起こったことなどが原因である。

　主要国のなかでこのように低い総合食料自給率の実例は過去にさかのぼっても、わずかに第一次大戦前の英国ぐらいのものであるという。放置しておいてよい事態とはとても思えない。英国は二度の世界大戦で食糧輸入の困難さを経験したことから、戦後は食料増産を目指した。今日では穀物については自給目標を達成し、年によっては余剰分を輸出さえしている。必死になって挑めば実現できる一つの好例である。

小規模農家によって営まれる我が国農業

　我が国には2015年現在、215万戸の農家がある。1950年頃は全勤労者の半分は農民だった。農家戸数は戦前から1960頃までは600万戸で推移してきた。半世紀足らずで農家の戸数は約3分の1強になるまでの大幅な落ち込みを示したのである。

　日本社会は少なくとも戦前までの長い間および戦後しばらくの期間までは農業社会という性格を色濃く持っていた。今からそう遠くない頃の話である。しかし、我が国経済の工業化の過程で農業人口は急激に減り続け、今

第九章　将来に不安を宿す食料事情　　87

日総人口のうち農業就業者人口の割合は3・2％にまで落ちた。国民総生産のうち農業総生産の比率は1．0％（2014年）である。当然に農産品の輸入は増え、食料自給率は急激に低下した。ただし、どの先進国でも農業人口、生産額の比重は減少傾向にあり、強力な国際競争力を誇る米国の農業においても全産業に占める農林水産業従事者の割合は2％にすぎない。産出額割合も1％である。20世紀の初頭に農業が米国で働く男性の4割近く、産出量の1割以上を占めていたことからみると隔世の感がある。先進国のなかで農業国的イメージの比較的強いフランスでも農業従事者の割合は3％台、産出額比率は2％台にすぎない。我が国だけの現象ではないのである。

　ただし、我が国の農家の特徴は、農家のなかで大規模に農業を展開するものが極端に少ないことや農業だけを専業にする比率が非常に低い点にある。215万戸の農家のうち3割は経営面積や販売額がわずかな**自給的農家**（経営耕地面積が30アール未満と狭く、かつ農産物販売金額が年間50万円未満の農家をいう。）である。その残りは7割であるが、その中の8割が農業以外の他業を兼業するいわゆる**兼業農家**である。専業農家は2割にすぎない（総務省統計局「日本の統計」2014年版）。我が国では機械化で生じた農家の労働時間の余裕部分は経営規模の拡大にではなく、農業以外の兼業に向けられてきたのである。

　ここで強調しておきたいのは、農家の全産業に占める就業者比の低下が先進国における農業の弱さを必ずしも意味するものではないということである。各主要農業国でもわずかな人口割合に過ぎない農業従事者が自国の食料需要を満たすのみならず世界全体の食料需要に応ずる供給を行なっているのである。

　我が国において、こうした限られた耕地面積、限られた少数の専業農家等が少なくとも主食である米を自給する体制を整え、また、野菜、果樹生産に見るべき業績を上げているのは生産性向上への絶え間ない努力の結果であり、また、農業技術の向上のおかげである。

副食品生産では華麗な展開

　他の作物も含めて日本の農業を展望すると、農作物の種類別の割合を農業総生産額の作物別割合でみると野菜27％、果樹・花きが13％（農林水産省「食

料・農業・農村白書2016年版」）となっており、野菜と果樹・花きの合計が農家の総生産額の4割を占めており農家の経営に大いに寄与していることが分かる。

　我が国では野菜栽培が大変盛んである。日本列島の植物相が多いことを反映して栽培されている野菜の種類は数百種に達し世界一多い。キャベツ、ハクサイ、大根、キュウリ、ナス、トマト、ホウレンソウ、タマネギ、ニンジン、ジャガイモ、サツマイモなどが主なところである。

　かつては鮮度を保つことが難しかったために消費地に近い地帯での生産が中心だった。しかし、最近は輸送技術や輸送網の発達によって遠隔地での生産も支障がなくなったため、生産地は全国各地に広がった。

　我が国の果樹生産は数量的にはミカンが圧倒的に多く、以下、リンゴ、ナシ、ブドウ、カキ、モモなどである。このほか、夏みかん、ハッサク、ビワ、ウメなどが食卓をにぎわしている。

農業における技術革新は日進月歩

　世界的にみても、農業は品種の改良、栽培技術の向上、化学肥料と農薬の大量使用、農業の機械化によって、耕地あたり反収（たんしゅう）を大幅に伸ばしてきた。

　農業分野における高度な科学技術の導入も農業の生産性向上に大きな寄与をなした。

　なかでも20世紀における農業の行き詰まりを見事に打開したのがハイテク技術の応用である。**バイオ・テクノロジー**はその本命。植物によって収量、病虫害、気象変動、水分、土壌等に対する適応性が皆異なっている。そこで農業生産に都合のよい遺伝子を特性に応じてそれぞれの植物から切断し、それらを連結すれば目的に適う品種が創造できるはずである。このような考え方から遺伝子組み替え操作という手法で作物の生産性が増加していった。また、作物が大量の肥料を吸収して豊かに結実するにはそれだけ能力の高い収量品種が必要である。かくして登場したのがハイブリッドつまり雑種交配技術である。

　生物は雑種の方が純粋種より生命力が強いという「**雑種強性**」の優性遺伝原理を応用して次々に新種を生み出していくのがハイブリッドの技術で

第九章　将来に不安を宿す食料事情　　89

ある。たとえば、米国ではハイブリッドのトウモロコシの新種が出現し実際の栽培に使われ、50年間で反収が5倍に増加した。しかし、ハイブリッド技術により開発された品種は、自然淘汰のなかで自力によって自然界に定着したものではないので人間の支援なしでは自立できない一種の奇形である。こうしたハイブリッド品種は化学肥料の大量投下を受け入れるが、そのためには、機械化による深耕や灌漑による利水が不可欠であり巨大な機械化投資や地下水の投与を必要とする。その上、病虫害に弱いので、農薬の大量頒布なくして成り立たない。

　化学肥料と高収量品種の開発によって20世紀の農業は成功し、先進国には過剰生産という贅沢を与え、発展途上国には緑の革命という希望を芽生えさせた。

　日本の農業は大規模農地を使った機械化による生産の面で他国に大きく劣後しているものの、他のあらゆる面で進んでおり、農業技術を駆使して高能率の農業を実現している。たとえば、米づくりの技術の進歩によって労働時間や平均収穫量は大きく変化した。1960年を基準にして現在までに**農業に従事する所要時間**は実に5分の1程度に減少するなかで平均収穫量は約3割増加している。また、肥料や農薬の多投入によりこれまで天候の変動や病虫害の発生によって大きく揺らいでいた収穫量はすっかり安定したものになった。さらに、農業従事者を厳しい肉体労働からある程度解放することとなった。

水産業

　次ぎに水産業について述べておきたい。

　日本人は、動物蛋白源として魚や貝類などの海洋資源を実に有効に利用してきた。また、海草の採取も古来より盛んだった。

　動物蛋白源は人間が生存していくために不可欠のものであり、牛肉、豚肉、鶏肉、卵、バター、チーズ、そして魚介類があるわけであるが、そのうち牛肉以下の酪農製品を自国内で生産するには広大な放牧地、牧草地を必要とする。我が国では地形等の事情で陸上の動物類の生産力は高くなく、特に稲作の導入によって土地が不足し、人々の目は自ずと土地の彼方、す

なわち海や湖、川などに注がれてきた。その結果、動物蛋白を魚介類に依存する割合が高まった。海岸部や河川流域には専門化した漁村が形成された。

　はじめは海岸の沿岸漁業に従事し、造船の力を高めるとともに近海、更には遠海へと乗り出していき、利用可能面積を広げていったのである。海は魚の取れる「青い牧場」だった。この海の牧場を古くから巧みに活用してきた。

　日本人は平均すると一年に一人あたり600キログラムの魚を食べる。世界の総人口の平均は16キログラムにすぎないから実に40倍の量であり「**魚食民族**」といっても過言ではない。

　世界で魚介類の摂取が多いのは日本、韓国、デンマーク、スウェーデン、オランダなど限られた国々である。ほかの多くの国では牛肉等の肉食が中心である。日本人の摂取する動物性蛋白質のうちその4割は魚介類である。欧州のなかでも魚を好む国といわれるスペイン、ロシア、デンマークでも2割程度である。ちなみに日本人は世界で水揚げされるマグロの5割、いかの4割を食べている。

　生産面からみると、漁獲量は世界全体では先進国、発展途上国でほぼ半々であるが、そのなかで漁獲量の多いのは、中国、インドネシア、タイ、ペルー、そして日本の順である。

　我が国の漁業の環境は200海里時代の到来以後激変した。1990年に1,300万トンと世界第一位だった我が国の漁獲量はいまや4割減となっている。

　我が国の場合、魚の消費に対して生産が追いつかない。そのため消費量の約半分は輸入に頼っている。日本は水産物の生産国であるとともに大輸入国でもあるわけである。日本の水産物の大半は近海ものだが、それに加えてアジア、中南米、北米、アフリカで操業可能な地域にまで出漁している。

黒潮と親潮

　我が国の水産業を特徴づけてきたのは日本近海の海流として世界的に知られている黒潮と親潮である。

第九章　将来に不安を宿す食料事情　　91

黒潮は、別名日本海流ともいわれ、フィリピンのルソン島東方より起こり北東の方向へ幅数十キロの大河のように進み日本列島のすぐそばを通り抜けている。高温で塩分が多く清澄であり、濃い藍色の黒みを帯びた暖流である。

　他方、親潮は別名千島海流ともいう。千島沖から岩手県・三陸沿岸の方に南西に向かってゆっくりと流れる寒流である。塩分が少なく濁っており、栄養塩類が豊富で親のように魚を養う流れである。この黒潮と親潮とが日本列島の東北海区でぶつかり合い潮境をつくり大漁場を構成している。

　一般に、海流がぶつかり合うと深層の冷水が上昇し、下の方にいたプランクトンが上に上がりやすくなる。これを**湧昇域**という。湧昇域では上昇してきたプランクトンを求めて魚類が集まり一大漁場を作る。こういう区域は地球上の海全体でみるとわずかに0．1％をしか占めていないのだが、それは世界の漁獲量の5割を占めている。そして日本近海の東北海区は世界の3大漁場の一角を占めている。地理的に大変な利点である。また、日本近海の海は陸上からの栄養補給が強く、魚の産卵や生息に必要な岩礁、灘にも富んでいる。

　日本の漁業はこうした自然条件に恵まれているといえる。

漁獲の有限性

　推定によると、海において再生産可能な魚類は年間2億4千万トンといわれている。一方、世界の漁獲量は1980年代から90年代にかけて急増し、2006年には1億6千万トンになった。1980年からわずか25年で倍増した。しかし、1976年に始まった国際法である**200海里海洋法**によって漁場が急速に狭まった。そして世界の漁獲高は1989年を境にして頭打ちとなっている。1970年代後半から各国は競って漁業専管水域を設けて外国漁船の操業を排除している。

　我が国の漁獲高は1984年の1，300万トンをピークにしてじりじりと減り続け、2014年には470万トンにまで落ち込んだ。とれる魚は成魚が減り、生後1〜2年の若い小型魚の比率が高くなっている。魚が減った原因は長い間の乱獲にあるという点で関係者の見方は一致している。200海里時代に入っ

てから40年になる。世界の漁獲量は頭打ちになってきており、痛切に海の有限性に目覚めることとなった。

日本では最近では沿海での**魚の養殖**が盛んになった。養殖はハマチ、タイなどが中心である。またカキ、アサリ、ノリの養殖や、内水面ではアユ、マス、サケ、ウナギの養殖も盛んである。難しいとされたクロマグロなどの養殖も射程距離に入ってきている。ただし、マグロを1キログラム養殖するのにはサバ、イワシなどの餌が15キログラム必要なことから明らかなように養殖そのもののために他の魚の供用が前提になる。

おいしいから、売れるからといって特定の魚ばかりとる、といった場当たり的な漁獲では海の生態系は崩れてしまう。かつて何百万トンも取れたイワシは数十年の後に数万トンにまで落ち込んだ。海の中で何が起こっているか分からずに大量に捕獲を行なうのは危険なことである。海の生態系についての一層の研究が待たれるところである。

食料品産業の状況　　加工・調理食品が急速に伸びている

我が国の食料品製造業の出荷額は1985年以降ほぼ横ばいで推移し、現在約30兆円である (経済産業省「工業統計2010年」)。他方、2011年の我が国の農業生産額は8・2兆円となった。生産者価格が下落しており85年をピークにして農業生産額は減少傾向が続いている。国内総生産に占める農林水産業の割合は1．3％である。また、就業者一人あたりの純生産を比較すると農業は製造業の6分の1である (内閣府経済社会総合研究所「国民経済計算年報」平成26年版より算出)。農地が狭くて機械化が思うように進まない事情などにより収穫あたりのコストが高いことなどが影響している。

食料においては生産部門の他に、農産物の加工、貯蔵、輸送、流通部門の比重が強まっており、日本の業者の活躍の舞台を広げている。たとえば、これまでは長距離輸送に耐えられたのは小麦などわずかな種類に限定されていたが、19世紀末になって冷凍船が使用されるようになり、はるか赤道を越えて南半球のアルゼンチン、豪州などからも肉類、乳製品が欧州市場に供給されるようになった。この傾向は交通、輸送手段の多様化、効率化とともに一段と強まっている。

第九章　将来に不安を宿す食料事情　　93

世界中でこの40年程のあいだに**加工食品の開発**が急速に進み，多種多様の加工食品が食卓に現れるようになった。我が国は世界でもこの分野で最も進んでいる国の一つに挙げられている。ある意味で先鞭をつけた国といっても過言ではない。日清食品の創業者安藤百福氏によるインスタント・ラーメン（1958年）などはその発想の卓抜さから言っても世界の食料の歴史に残る大発明だった。

　我が国では食費支出に占める加工食品及び調理食品合計の構成比は過去40年の間に8％ポイント（36％→44％）も増えている。新素材や新技術の導入も著しい。バイオ・テクノロジーやクローンの技術を使った新しい食品、食材が増えている。すでに遺伝子組み替え技術を利用した食料として大豆、トウモロコシ、菜種が増加しており、これを利用した加工食品も増えている。我が国では人工光を利用した植物工場でサラダ菜、レタスの生産などが行われている。

　生来痛みやすい農作物を長く貯蔵できる**冷蔵法**、これはたとえば、冷蔵庫内の湿度を高く保ちながら、内部を殺菌作用のあるガスで満たし、カビや細菌の繁殖を防ぐなど、独特の技術を開発しており世界各国においてこの分野では日本は図抜けた存在である。我が国の技術をもってすれば、サクランボ、モモいった腐りやすいものでも従来の4倍の1ヵ月、ブドウは4ヵ月、ナシで従来の10倍の5ヵ月も鮮度をそのまま保ちながら保存できる。

依然として先行き注意を要する世界の食料需給状況

　ここで改めて世界における食料需給の問題点を述べ、締めくくることにしたい。

　供給サイドから見ると、世界的に穀物輸出国といえるのは米国、カナダ、オーストラリア、フランス、アルゼンチン、英国などのごく一部の国に限られている。概して言えば、**先進国の農家**に頼っている状況である。さらに世界各国では肥料の大量投入などにより土壌劣化が進んでおり、農地が世界全体で毎年5万ヘクタールの速度で砂漠化しているとの予想もあるし、森林伐採、温室ガスの増加などを考えると事態は必ずしも容易ではないようである。

世界で1年間に生産される食料を地球の全人口に平等に配分したとすると一人あたり毎日、3，000キロカロリー以上という計算になる。成人一人あたりの基礎体力を賄うには一日2，400キロカロリーで十分なので、平均的にみると世界的に食料は相当余っているとの計算も成り立つ。しかし、総量がそうであっても穀物の生産・流通はかなり偏っている。世界人口の15％しか占めていない先進国の人々が世界の食料の50％を消費していると推定されている。他方、国連食料農業機関（ＦＡＯ）によると、栄養水準の低い飢餓線上にいる人々、ないし、慢性的に栄養不足に陥っている人々がアジアで5億人、アフリカ2億人、その他1億人、合計8億人に上る、という。食料の偏在が大きな問題なのである。

　もうひとつの懸念材料は、人口13億人を擁する**中国**が食生活の変化により穀物の輸出国から輸入国に転じており、そうなると世界の食料需給はにわかに厳しくなりつつあるとの見方がなされている。

　現在までのところ、専門家の間では長期的にはともかく短期的、中期的には、世界の穀物事情をはじめ食料事情はとりあえずは順調であり、今後の人口増を吸収していけるとの見通しが多い。しかし、その何れの専門家も「そうはいっても必ずしも手放し楽観できる状況ではなく、油断は禁物である。」との警句を必ず付け加えているのが現状である。

第九章　将来に不安を宿す食料事情　　95

第十章　新しい担い手を待つ
資源エネルギー

ライシャワー博士の懸念

　今から56年ほど前に駐日米国大使として着任したライシャワー博士はその著作（『ライシャワーの見た日本』）のなかで「日本が世界市場に供給しうるのは日本人自身のエネルギー、すなわち人力と、石炭と水だけである。」「日本は人口と土地・天然資源との釣り合いがひどく取れていないという点で不幸な奇形的巨人である。」と記述している。それは親日家ですら危惧せざるを得なかった日本の当時の現実であり、日本の未来だったのだろう。

資源エネルギーの調達は世界的視野で行われてきた

　日本の地下資源は鉱物の博物館とまでいわれるぐらいに種類は多種多様である。しかし、量的には実に貧弱であり、これほど鉱物やエネルギー資源に恵まれていない陸地も珍しいといわれている。実際に商業性のあるのは石灰石と砂利と硫黄資源ぐらいのものである。

　結局、日本は原材料を海外に依存して国内需要を満たしてきた。

　世界に出回っている資源の量で考えると、日本向けの輸出量のシェアは石炭は20％、天然ガス43％、鉄鉱石12％、原油9％に及ぶ（ジェトロ「世界貿易投資報告」2013年版）。

　資源供給国は、どこも資源を得ることで自国の国際収支赤字を減らそうとし恒常的に売り圧力は買い需要を上回ってきたので、資源の買い手（資源消費国）の方が主導権を握るいわゆる買い手市場がこの半世紀、基調をなしてきた。

　資源消費国にとって資源は国内の鉱山を開発して手当てするよりも、体系的に世界の**産出適地に開発投資**を行い、太い輸送網を形成して国内に運び込む方が経済的であった。そうなると、日本にとって国内資源が乏しい

ことはさして問題にならなくなった。日本は世界の各地から最も良質な原材料を大量に、そして大量なだけに安く手に入れてきた。また、原材料購入費用をまかなうだけの十分な製品の輸出販売力を有していた。資源がない弱みが逆に機動的で効率的な資源調達を可能にしていたともいえる。

　世界の鉱物資源の需給の構造変化に対応して、日本は「無いものの強み」を発揮して、資源調達先の大胆な切り替えやその時代ごとに最先端をいく探鉱・採取・輸送体制を敷いてきた。その対応は実に機を見るに敏で速やかに実行された。結局、**資源保有力**とは国内に資源が実際にあるかどうかではなく、世界にある資源を効率的に利用することのできるノウハウ・ソフトウェア技術体系、経営力、その資源・原料を使って国際収支黒字を生み出せる交易力などのいわば総合力であることを物語っている。

エネルギーの歴史

　人類におけるエネルギーの歴史は最初はもちろん人力のみであり、これが長い間続いた。例えば古代ローマ時代は戦争が行なわれた理由の一つに征服した後、敵方の人々を奴隷として今日でいうエネルギー代わりに利用する（人力）ことが明確な目的の一つであった。その意味でも戦争が絶えることはなかった。人力に続いて、牛、ロバ、馬、水牛などの家畜力が動力として用いられ人類の生産力は著しく発展した。その後、風車、帆船に象徴される風力、水の流れや落差（水車）がもたらすエネルギーを利用した水力、更には作業機の利用が始まり、産業革命の先駆をなした。

　人類の文明を決定的に変えたのは**産業革命**である。期間としては英国において1740年ごろから19世紀前半にかけてのことである。1769年にジェームス・ワットが蒸気機関の発明で特許をとるとともに1781年にクランク装置を発明して往復運動を回転運動に転換することを可能にした。蒸気の力を動力であるエネルギーに転換する具体的な機械である。この発想は人類にこれまで知らなかった巨大な動力を与えることになった。人類の長年の夢を果たしたこの発明が世界各地に普及するのにはさして時間はかからなかった。蒸気機関を起点として機械がエネルギーを生み出すことを基軸とする産業革命が怒濤のごとく世界各地に広まった。当時の蒸気機関は石炭の

第十章　新しい担い手を待つ資源エネルギー　　97

火力を利用していた。そして石炭の時代がしばらく続いた。19世紀の後半になるとエネルギー源として石油が登場し内燃機関の発達を促し、機器の軽量小型化をもたらした。同じく19世紀末から水力発電が導入され、20世紀に入ると天然ガスの利用が始まった。今日、エネルギー源の主力をなす石油、天然ガスはその登場からわずかに100年余しか経っていない。

爆発的に増加するエネルギー消費量

現在、人類は膨大な量のエネルギーを消費している。

著名な経済学者ケネス・ボールディングの試算によると、紀元1年から1950年までの長い期間に人類が使った化石エネルギーの総量は、その後の30年で使った化石エネルギーの総量にほぼ等しいとのことである。多彩なエネルギーに支えられて人間の活動範囲は飛躍的に高まった。それは変化を生む。かつて100年かかって実現した文明上の変化が十数年で、いや、ものによっては数年で実現することを意味している。

我が国を例にとれば、最近は1年間でおよそ5・0億トン（原油換算）のエネルギーが使われている。日本人が1日に使うエネルギーの量は石油に換算すると13リットル、一升瓶にして7・5本弱。一リットルの石油を燃やすと約1万キロカロリーのエネルギーが得られる。そこで、日本人が一日に消費するエネルギーの総量は13万キロカロリーということになる。一方、日本人の成人が一日の食物からとるエネルギーの量はおよそ2,500キロカロリーなので、日本人一人につき毎日平均して約50人分の食料に相当するエネルギーを消費している計算になる（日本エネルギー経済研究所「エネルギー経済統計要覧」2013版より算出）。

発展途上国のエネルギー消費量は先進国の9分の1にすぎない。しかし、この比率は経済の発展とともに間違いなく上昇していく。かりに発展途上国が現在の先進国並のエネルギー消費量に達するならば世界のエネルギー消費量は爆発的に増加することになる。

エネルギー源の構成割合の9割を占める石油等の炭化水素系資源

エネルギーは一次エネルギーと二次エネルギーとに分けられる。

一次エネルギーとは、石油、石炭、天然ガスといった化石燃料、水力、原子力、地熱など、主として加工されない状態で供給されるものである。これに対して、二次エネルギーは、電気、都市ガスなど、一次エネルギーを加工、転換して得られるものである。

　世界の一次エネルギー供給量の内訳は、石油41％、石炭26％、天然ガス22％、原子力7％、水力3％であり、石油、石炭、天然ガスといった炭化水素系のエネルギーが9割を占めている。また、世界の発電用エネルギーをみると6割強が火力発電、2割近くが水力発電、残りが原子力発電となっている。水力発電はナイヤガラ瀑布など水力が豊富な北米が世界の4分の1を占めている。

　一次エネルギーの主たる生産国は米国、ロシア、サウディ・アラビア、カナダなどであり、これら5カ国で世界の半分を占める。他方、消費を見ると、世界の人口の15％を占める先進国が一次エネルギーの半分を消費しており、自動車使用による巨大なガソリン消費が進行している米国だけで世界全体の4分の1を占めている。

石油の埋蔵量

　今のようにエネルギー資源を消費して行って一体もつのだろうか、早晩枯渇してしまうのではないかとの懸念は絶えない。結局、埋蔵量との兼ね合いになる。

　現在の生産ペースで行くと仮定した場合に地球における現存の石油埋蔵量が何年もつかを計算すると、1975年時点では33年、85年時点では34年、95年時点では43年、そして2011年時点では42年と試算されている（ＢＰ「世界エネルギー統計」2012」）。

　埋蔵量の寿命（年数）が増加ないし横ばいを維持しているのは探鉱が進み新しい油床が発見され新規の埋蔵量として加わっていくためである。人類にとって消費と新しい油田発見との競争になっている。

我が国は石油の大消費国

　我が国は石油消費量でみると米国、中国に次ぐ世界第3番目の大消費国で

ある。消費量のほぼすべて（99.6％）を輸入に頼っており、我が国の石油の輸入量は年間約2億5千万キロリットル（2013年）である。

輸入先は百分比でみると、サウディ・アラビア30％、アラブ首長国連邦が23％、カタール13％、クウェート7％、ロシア7％、イラン6％の順になっている（木本書房「世界経済白書」2015～16年版）。

第一次石油危機当時75％だった日本の中東依存はその後の分散化政策によって低下し、1985年には69％になった。しかし、石油の輸出国だった中国が輸入国に転じ、またインドネシア、マレーシアが自国の経済成長に伴って輸出を減少させた結果、再び中東依存度が上昇し、現在は88％となっている。

これから大きな可能性をもつのがロシアからの石油・天然ガスの輸入である。日本とロシア極東領域は物理的にも距離が極めて近い。北海道の宗谷岬とサハリン半島では43キロしか離れていない。サハリンでの石油・天然ガス共同開発は日本のエネルギー供給源の多様化、エネルギーの安定供給にとって欠かせない課題である。

現代の日本は大まかな姿でいえば、総エネルギー供給の8割強が輸入に依存し、そのうち半分が石油でありその9割弱までが中東に依存しているというのが基本的なエネルギー事情である(貿易統計)。そのため外交的にも中東諸国との関係強化が大きな課題となっている。

石炭　　有害物質が多く発生

石炭はかつて地球上に繁茂していたシダ、トクサ、鱗木などの植物が枯れたものがおびただしい量で堆積し、地熱などの作用で変成してできたものである。

石炭の確認埋蔵量は比較的分散しているがそれでもその8割は北アメリカ、中国、欧州、旧ソ連に賦存している。石炭の世界における確認可採埋蔵量は8600億トンに達しており現在の生産量でこれを割ると可採年数は112年の長さとなり、石油が42年であるのとは好対照をなしている。豊富に存在し安定したエネルギー供給源となっている。我が国でも埋蔵量はほぼそれに匹敵する可採年数となっている

ただし、固体という性質上、輸送や貯蔵面で難点を持ち、また、燃焼すると硫黄、窒素炭化物などの有害物質を多く発生する。石炭を多用する中国の首都北京のスモッグのひどさは有名である。もし、石炭についてその欠点を克服する液化技術の確立や環境対策面での技術が向上すれば、消費量はこれからもかなり伸びると見込まれている。

天然ガス　　今後、石油に拮抗するエネルギー源候補

第3のエネルギー源が天然ガスである。

天然ガスは地下に鉱床の形で層を成して存在する可燃性ガスである。かつての微生物や生物の死骸が発する有機ガスの一種が長い年月の後に堆積し地層のなかに蓄積されたものである。天然ガスの賦存する地層は、石油地層と密接に関係があるものもないものもあり種々の形態が見られる。

天然ガスの埋蔵量としてはシベリアが有名である。石油は中東のシェアが7割であるのに対して天然ガスは中東は4割にとどまり、旧ソ連地域が3割を占めている。

天然ガスの確認埋蔵量は探鉱努力の結果急増している。2009年現在、天然ガスの可採年数（確認埋蔵量／年間生産量）は62年である。

日本の周辺ではロシア極東部、東シベリアには有望な鉱区が数多く存在する。日本でもメタンハイドレートは四国や北海道の南の沖合に近いところにある。

ロシアは世界最大の天然ガス埋蔵国であり巨大な産出国である。欧州各国では莫大な埋蔵量をもつ旧ソ連、北アフリカの天然ガスを長距離油送管（パイプライン）で自国内に引き入れ、脱石油、エネルギー源多様化の中核に据えている。

天然ガスの輸送の残りは地中に埋蔵されているものをボーリングで地上に取り出し圧力をかけて液化して輸送する。これが液化天然ガスすなわちＬＮＧである。ＬＮＧは船で運ばれる。日本はこの方式をとっているが他国ではその割合はわずかである。そのため世界のＬＮＧ貿易のうち6割は日本向けとなっている。

あまりにも課題が多い原子力

　次は最大の焦点である原子力である。今回の東日本大震災で東京電力福島原子力発電所が被災し深刻な放射能汚染懸念が発生したために、これまでの原子力安全神話は音を立てて崩れ落ちた感がある。

　発電の次元で原子力の比重をみると、原子力は世界の発電量の11％を占めている。各国別にはフランスが73％、米国19％、英国18％、ドイツ15％、であり、ＯＥＣＤ平均で2割弱程度である。日本は福島における大事故の後を受けて2％となっている（世界原子力協会ＷＮＡ資料2013年）。

　原子力の燃料であるウランは、御影石などの石材や海水などに含まれる何処にでもある元素である。それが特異な地質環境のもとで数千倍以上に圧縮されたものがウラン鉱床である。世界におけるウランの埋蔵量は395万トンであるので可採年数は64年（2000年におけるＯＥＣＤ／ＮＣＡ推計）である。多分大丈夫という埋蔵量まで加味すると100年を越すという。とりあえず原料の供給制約面からの懸念はない。ウランの生産国は世界に広く分布しており、米国、カナダ、オーストラリア、ニジェール、ナミビアなどが主なところである。

原子力の経済性についても疑問の声が

　原子力発電は1キロワット時あたりの経費はざっと5円台であり、石油火力が10円超、ＬＮＧ6円などに比べて安い。それが電力会社が原子力に固執する理由のひとつでもある。

　しかし、多くの人が指摘するように、原子力が石油等のエネルギー源に対してどの程度の価格競争力を持っているかを正確に割り出すことは難しい。たとえば一旦完成し稼働した原発がどのくらいの寿命でもつのかは判然としない。また、研究開発のために多大の経費がかかっているがその何処までを経費として見積もるのか、また最大の難問は廃炉の費用、放射能廃棄物処理費用を何処まで含めるのか、安全のための諸経費まで含めると決して割安なエネルギーではないとの指摘が多い。

　とくに今回の福島原発の事故後の処理費用は膨大である。政府の試算によると完全廃棄には今後実に21兆円を要するという。このようなリスクを

102　　第十章 新しい担い手を待つ資源エネルギー

経費化していくと原子力の経済性には大きな疑問符がつくとの指摘も多い。

安全性こそ最大の問題点

　原子力発電の最大の問題点は言うまでもなく安全性の問題である。

　原子力発電事故が、79年に米国スリーマイル島で、86年には旧ソ連（現ウクライナ）チェルノブイリで起き、99年には東海村で臨界事故が起き、そして2011年3月に東日本大震災の地震や津波によって東京電力福島原子力発電所でレベル7に相当する大事故が起きてしまった。

　漏出する放射能は直接間接に人体に悪影響を及ぼす。放射能汚染に対する安全対策が緊急の課題となっている。

　加えて、すでに30年あまりも原子力を利用し続けて溜まってきた廃棄物をなんとかしなければならない、という深刻な事情がある。

　我が国の場合、使用済み核燃料や分離済み廃棄物は「ガラス個化体」とよばれる廃棄物の固まり（約400キログラム）の形にされて地下深く埋められる。高レベル廃棄物の量はこのガラス固化体に換算してすでに1万3千本に上っている。高レベル放射性廃棄物は地下500〜1千メートルに埋没して300年近く管理するとされている。廃棄物の処理を先送りすれば放射能汚染を招き人間の生存そのものに影響を与えることになるが、今もってその処理が容易でないことをうかがわせる。

　このように、原子力は原子炉事故による放射能汚染や廃棄物処理などの面において極めて深刻な問題を提起している。

　他方、十分なリスク管理を行ないつつ、安全性がしっかりと確認できる原子炉であれば稼働させていくべきではないかという意見もある。

　今後、エネルギー政策の中で原子力をどのように位置づけていくのかは極めて重要な問題である。プラス情報、マイナス情報をすべて開示した上で、国民の間で十分に論議を尽くしていかなければならない。しかし、決断に残された時間がそうあるわけではない。

代替エネルギー

　前述のとおり人類は計算上、向こう40年ないし50年のうちに石油埋蔵量

第十章　新しい担い手を待つ資源エネルギー　　　103

を使い尽くすことが予想される。実際には新規の油田が今後も発見され続けるので現実に石油が枯渇するのはそれより先のことだろうが、短期的に見通すと2020～30年代ごろには人類は現在確認されている埋蔵量の半分程度は使い尽くす可能性が高いと指摘されている。そうなるとにわかにエネルギーに対する不安が急速に高まることが予想される。

　そこで、石油、石炭、天然ガスや原子力等の本源的なエネルギーに代わるいわゆる代替エネルギーの開発が急がれるところである。

　既存のエネルギー源に代わる代替エネルギーの種類としては風力発電、太陽光発電、地熱発電、バイオマス、燃料電池などがある。これらの再生可能な代替エネルギーは最大限の開発・導入を見込んでも10年先ではエネルギー構成のうちせいぜい10％前後しかいかないとの予測が一般的である。しかし、さらにその先の時代ということになるとかなり様相が変わってくる。最近の世界エネルギー会議（3年ごとに開催）の場において、2050年には太陽光発電などの新エネルギーが全エネルギーの40％を占め、石油、石炭、天然ガス等の化石エネルギーの割合は20％に落ちるだろうとの予測が発表されるなど、強気の見通しが漸次登場するようになった。

風力発電　　我が国に適地は意外に少ない

　風力発電は風の力によって長さ30メートルもの巨大な羽を回して発動機を回転させ発電する仕組みである。風の方向に応じて向きを変える等の工夫がなされている。一年間の平均でいえばそよ風よりやや強い毎秒5メートル以上の風が吹くことを要する。これはあくまでも一年間の平均であるので日によっては全く吹かないことも計算に入れると適地がそうたくさんあるわけではない。また、適地においても無風状態になったり、風の向きが突然かわったりするので、常に万全な発電状況を作るため、主電源を補助するとか電池などの併用が必要となる。そして、消費地との距離が長いと送電コストがかかりすぎ採算割れになるので、電力会社の既存の送電線が近くにありそれを容易に利用できることなどが条件になる。

　我が国では風力発電が可能な適地はあまりなく、国内面積で1％程度であ

104　　第十章　新しい担い手を待つ資源エネルギー

ると推計されている。北海道、東北が多く、地域ぐるみで取り組む地方自治体も増えている。しかし、台風に耐える施設ということで建設プラントコストが欧米諸国に比べて概して割高になる傾向がある。我が国では風力発電は、公けの試算によると発電コストは1キロワット時あたり10〜14円であり、コスト的に見て商業電力に近い。

太陽光発電　　設置コストが重荷に

　太陽光エネルギーを電気に転換する光発電板であるパネルが屋根に張りつけられている光景をよく見かけるようになった。太陽光発電と呼ばれている。日本企業が太陽電池パネルの屋根建材を開発したことで世界中に使用が広まった。

　火力、水力、原子力、風力等がすべて回転エネルギーで発電しているのに対して、太陽電池による発電は光が当たると半導体内部にプラスとマイナスの電極ができる性質を利用して電気をつくるという点で大変ユニークな存在である。動く部分がないので軸受けがすり減るとか油を差さないといけない、などといった心配がない。しかも熱や音、排気ガスを出さないので基本的に低・無公害エネルギーである。

　この技術を使えば、屋根がそのまま建物のための発電所になるわけである。

　しかし、太陽の光が生物や環境に優しい分だけエネルギー密度は低く、また夜や雨の日は発電できない。広い面積が必要で屋根瓦、電車の屋根、ダムの湖面など可能な限りどこでも利用することが必要である。昼間発電した余剰電力は電力会社に売り、夜間は商用電力を買うことで相殺する。問題は価格である。半導体の制作費が高いため普及が進んでいない。それでも技術革新が進み、かつ量産体制が整えば今後コスト引下げが期待できる。

燃料電池　　水素時代への扉を開く

　代替エネルギーの中で近い将来最も有望といわれているのが水素を利用する燃料電池である。

　燃料電池は天然ガスから取り出した水素と大気中の酸素とを化学的に反

第十章　新しい担い手を待つ資源エネルギー　　105

応させて電気を作る。水素を酸化し、水になるときに電気と熱が生ずる。この反応を利用するのが燃料電池である。水素のもとにする燃料が必要だが、燃料から水素をつくるときにどうしても一酸化炭素が出てきてそれが触媒をだめにする。そのため長時間持たせるのは容易でなかった。それをカナダの会社が電池の出力密度を飛躍的に向上させ寿命を画期的に伸ばすことに成功した。この固体高分子型の燃料電池の出現が景色を一変させ、商業化への道を開くことになった。発電中の排出物は水だけであり問題ない。

　自動車用の燃料電池の燃料としては、水素、天然ガス、メタノール、ガソリンの4種類が試されている。

　そして、燃料電池を搭載した自動車に向けて自動車メーカー各社が一斉に実用化に向けて走り出した。現在、トヨタ、ＧＭ、ホンダ、マツダ、ダイムラー・ベンツなどが燃料電池を積載した車の実用化、量産化を進めており世界的な規模で熾烈な競争が展開されている。トヨタ方式では今のガソリンスタンドに代わって水素を提供するステーションが必要になる。

　燃料電池が本格的に自動車に実用化され量産されれば使用エネルギーの急激なコストダウンが可能になる。そうなれば石油中心だった世界のエネルギー事情は水素中心へと確実に姿を変えていくことになる。

　燃料電池を利用したもう一つのエネルギー供給システムが**コ・ジェネレーション・システム**である。これは直訳すれば、「一つの燃料源から2つ以上のエネルギーを同時（ＣＯ）に得る方法」を意味する。

　従来の電力のみを発生させていた発電設備の場合、駆動機であるエンジンやタービンなどから出る排ガスや冷却水をそのまま捨てていた。投入エネルギーの65％が無駄に捨てられ、35％の効率しか得られなかったわけである。一方、「コ・システム」はこの両方を利用しようとするものである。

　ホテルや病院などは夜間の電力需要があり、給油需要が多い施設においても利用価値がある。発電規模を大小柔軟に設定できるため、ホテル、病院、家庭の電源としての利用が見込まれる。それは電力会社がこれまで行なってきた大規模発電からの転換を意味している。

　燃料電池を利用したコ・ジェネレーションの充実は、生活者側の利便に照らして多くの選択肢を提供する。店舗やオフィスだけでなくマンションや一般家庭までこうしたシステムが普及すれば、地域や家庭のエネルギー

供給のありさまがまさに一変するといわれている。「地域暖房」など地域全体での利用も可能である。

バイオマス・エネルギー　　ゴミ焼却に活路

　バイオマス・エネルギーは、光合成により太陽エネルギーが有機体へと交換されて蓄積されているのを有機体を燃やすなどによりエネルギーとして取り出し、利用するものである。薪などの木材系の外に、草類、わら類、家畜の排出物、家庭からのゴミ類などから得られるガス、アルコールなどがある。

　全国の家庭が排出するゴミは年間5，100万トンにもなり、約2千カ所の焼却施設で処理されている。しかし、発電に供されるのは全焼却施設の1割にすぎない。

地熱発電　　国立公園に適地が多い

　地熱発電は地下1，500メートルあたりに潤沢に存在する高熱の水の層へ地上から輸送管を通して高温の蒸気として採取し、これをエネルギーとして利用するものである。石油や石炭が燃やすことにより高温に転化しエネルギーとして利用されるのに対して、地熱発電は近くに存在するはじめから高温のものを蒸気として利用する。すでに植物の根菜や成長の早い樹木などの栽培用に使われている。

　我が国には火山帯が潤沢に横たわっており、国立公園地域などには地熱に適した地域が4，300平方キロメートルもあることが確認されており、これらをすべて利用すれば4億キロワットの発電が可能になると試算されている。しかし、いずれにしても地熱エネルギーは量的には主流にはなれず補助的な存在として活用が期待されている。

今後の展望　　大きな期待を担う燃料電池開発

　以上見てきたとおり、化石燃料のうち石炭は埋蔵量が膨大だが、使い勝手のよさやクリーン性では石油や天然ガスに及ばない。石油や天然ガスは

第十章　新しい担い手を待つ資源エネルギー　　107

埋蔵量が限られているし、消費する過程で二酸化炭素を放出し環境汚染、地球温暖化などの問題が未解決のままである。原子力は安全性の点で大いに問題がある。代替エネルギーとして物理量の多い太陽光、風力発電などは期待を集めているものの、太陽光システムは夜や天気の悪い日には使えない上に発電コストが相対的に高く、現状では主力エネルギーにはなれない。風力エネルギーも自然条件に左右される上、立地上の適地から消費地までの送電コストが重荷になり、我が国では当初期待されたほどの実力を発揮するには到っていない。地熱は現在までのところエネルギー変換効率が比較的低いようである。

　今後10〜20年を展望するのであれば、エネルギーの需要・供給に大きな影響を与えるのは燃料電池であるといわれている。東京駅とビッグサイト間においてすでに燃料電池を搭載したモデル・バス二台が稼働している。しかしこれを大きく普及させるためには水素の安価な製造技術、安全な輸送・貯蔵技術が未だに確立されていないなどの難問を解決していかなければならない、といわれている。

108　　第十章　新しい担い手を待つ資源エネルギー

第十一章 得意の分野 科学技術

世界の科学技術の発展

　科学技術は、人間のもつ物理的能力を越える複雑さ、大量さ、正確さ、速さなどを生み出し、それによって生産力の飛躍的な増加や新しい高度の機能をもつ製品の出現を可能にした。科学技術によって人間は神通力のようなものを手に入れたのである。

　技術革新は人間の労働を二極分化させ、その狭間にいた熟練工を排除していった。「**熟練**」という、人間にとってそれを得るために長いこと膨大なエネルギーを割いて獲得していった資質が機械による作業に置き代わり無機的に対応することが可能になった。産業工程のデジタル化がこれに拍車をかけた。精神労働の肉体労働に対する優位性を決定づけ、人間を科学的、技術的研究を中心に創造的労働に従事させることを可能にした。これは人間疎外という方向ではなく、人間性を発展させる欲望として生まれ変わる可能性を提示するものである。

　ＩＴ部門の中核的な技術、たとえばネットワーク制御や暗号などは、かつて軍事技術だったものが少なくない。軍事分野に局限されていた技術やスキルなどのソフトウエアが民間部門に解放されることによって経済全体が活性化された典型的な事例である。

　コンピューターの送り出す情報量は膨大になり、人々がこれを受け止めるには時間に限りがある。時間という価値が限りなく稀少になっていき、企業はその稀少な時間を奪いあう競争へと駆り立てられていく。

非常に高い日本の科学技術力

　20世紀以降の日本人の自然科学分野でのノーベル賞受賞者数は23名となり米国についで世界第2位となった。例えば、2012年に受賞した京都大学山中伸弥教授の人工多能幹細胞（ＩＰＳ細胞）の開発・発見は生命とは一体何かという根本問題に迫る世界科学史上に不朽の名を留める業績だった。

文部科学省の平成9年科学技術白書によると、我が国の五百人の研究者に**我が国の研究水準**について尋ねたところ「欧米諸国より日本の研究水準の方が高い」と答えた人が18％、「欧米諸国より日本の研究水準はやや高いと思う」と答えた人が全体の30％だった。「欧米と同じ研究水準にある」と答えた人は32％である。かなり前の時点で、我が国の学術研究は世界的な水準に達しているとの印象を持つ人が多くなっている。

　新しい産業として期待される通信・情報、バイオテクノロジーといった産業は、設備規模によって競争力を得る装置産業と異なり、研究開発とその結果得られる特許によって収益が大きく左右される。2012年の1年間の世界の**特許件数**は日本が27．5万件であり世界第1位を占めている。第2位が米国で25．3万件、第3位が中国の21．7万件、以下、韓国、欧州特許庁、ロシア、カナダの順である。技術大国米国が付与した特許の国籍別内訳をみると、国内企業である米国の会社が49％を占め第1位であるのは当然としても、第2位は日本の23％であり、全体の4分の1弱を占めている。続いて韓国、ドイツの順となっている（木本書店「世界統計白書2015～16年版」）。

　特許やノウハウなどの一国における出入りを示す**技術貿易収支**の動きでも異変が起きている。日本の技術貿易は長い間輸入超過だった。しかし、1970年代から徐々に技術輸出が伸び始め89年には漸く技術貿易の輸出・入が均衡した。その後は技術輸出が技術輸入を上回り、2013年では技術輸出（受取り）が347億ドル、輸入（支払い）が59億ドルであり、その黒字幅290億ドルは、米国の390億ドルに次ぐ水準である。ちなみに英国は260億ドルで世界第3位（総務省統計局「世界の統計」2016年）。日本がもっぱら西欧諸国から技術導入を仰いだというのは全く過去の話であり現在では技術の輸出の方がはるかに多い。グローバル化が進むなかで、自国だけでなく他国へも出願して権利を確保しておくことは経済発展の上でも欠かせない。日本の技術輸出は現在も極めて活発である。そのなかでも先進的な分野は建設、鉄鋼等である。技術輸出は主としてアジア向けであるが、米国へのものも増えている。他方輸入は米国と欧州からが圧倒的である。

　こうした動向は日本が研究開発に多額の金額を投入できていることを反映している。**研究開発費**は2012年の統計（文部科学省「科学技術要覧」2014年）によれば日本は17．3兆円であり米国の36．2兆円に次いで世界第2位の金額に

なっている。第3位が中国の13．0兆円、第4位がドイツの8．0兆円。日本の場合には政府ではなく民間企業自らが研究開発に尽力しているのが大きな特徴であり、全体のうち民間企業分が5分の4を占めている。

　日本における**研究者数**は84万人である。中国の140万人、米国の125万人に次ぐ。ロシア（44万人）ドイツ（34万人）、フランス（25万人）よりもかなり多い（文部科学省「科学技術白書」2014年版）。人口1万人あたりの数では米国、中国、ドイツを上回り、世界一である。これも民間企業が分厚い技術者層を有していることを如実に示している。日本は民間企業の活躍により技術立国を地で行っているのである。

　また、2004〜06年の平均値でとると、世界の主要かつ著名な**科学論文誌に発表された論文数**120万件の国別シェアは米国が25．5％で圧倒的に多く、次いで中国10．9％、日本7．1％、英国6．3％、ドイツ5．5％、となっており、日本の研究論文発表数は世界第3位である（文部科学省「科学技術白書」2014年版）。

　そして、研究成果の質的な水準を示す指標の一つに、その国の論文が他の論文に引用される回数の国別計数がある。世界の研究者の間で読まれており、権威がある専門雑誌や論文のなかで明示的に引用されている論文の数をコンピュータの力で著者別、国別に集計するやり方である。この指標は研究の質、厚み、広がりについてかなりのことを物語っており国際比較の指標性として優れていると考えられている。それによると自然科学・工学部門の国別シェア（2002〜2006年平均値トムソン・ロイターの計数）は米国が47％、英国11％、ドイツ10％に次いで日本は世界第4位の8％となっている。日本の研究者が英文等で論文を書くのは語学面で大変なハンディを負っているにもかかわらず、他国で大いに引用されているのは注目に値する。

世界の先端を行く科学技術分野

　企業における研究開発についても、日本の企業技術はロボット、自動車、電機機械工業などの分野で非凡な実績を示している。1990年代の技術の主流は米国では航空、宇宙、バイオテクノロジーの分野だった。これに対して日本は大容量化、コストダウンを目指す**エレクトロニックス**分野が目立

っている。技術開発面で日本はエレクトロニクス大国の地位を確固たるものとしつつある。

　エレクロニックスはもとはレーダーの研究過程のなかで開発されたもので、電子が真空・ガスまたは半導体のなかで動く際の行動に関する技術の領域である。その現象を利用し、装置化したものがエレクロニックスである。物質同士が衝突したときに電気的なパルス（電流や電波の流れ、またはその繰り返し）が毎秒100万回以上発生するが、その発生する超音波パルスの動きを利用する。

　エレクロニックスに代表される技術は、人間の五感や脳の作用などを機械装置に置き換えていくものである。

　このほか、現代科学技術のフロンティアは、宇宙、地球環境、ライフ・サイエンス、バイオテクノロジー、新エネルギー、新素材、ＩｏＴ（ＩｎｔｅｒｎｅｔｏｆＴｈｉｎｇｓ）、ブロックチェーン技術等の情報システムなどの分野である。

　このうち日本が**世界の先端グループ**を走っているのは、企業技術部門ではロボット、自動車、電気機械工業、バイオテクノロジー、ＩｏＴなどである。たとえばバイオテクノロジーの部門では、ＤＮＡすなわち、遺伝子を組み替える技術、抗体生産技術、細胞融合技術、新薬の開発、さらには酵素や生体膜の人工的設計、人工臓器の製造などである。半導体の普及が世の中を変えたようにバイオテクノロジーの分野には未知数の大きな可能性が秘められている。将来、化学、農林業、医薬品などさまざまな産業に与える影響は巨大なものになるとの見方がなされている。

　また、我が国では超電導の研究も進んでいる。超電導金属は極低温の下で電気抵抗がほとんどゼロになる金属だが、その技術はリニアモーターカーの磁気浮上、核融合のプラズマ閉じ込めなどに用いる超電導磁石、発電所から都市への電力輸送、永久電流状態での電力貯蔵などに利用されている。

しかし問題点も多い

　ここで、科学技術部門、研究部門において日本が他の欧米諸国に比べて

遅れているとして内外から指摘されている点も列挙しておきたい

基本的に基礎科学部門が弱いとされている。ただし、最近急速にこの面は改善されているとの見方が増えてきた。

よく言われるように、我が国の年功序列体制を反映して若い研究者、技術者が人生で創造力を一番発揮できる年代に雑用等に時間をとられてしまい、また、支援体制にも不備があって自由に研究等に従事できないこと、などが挙げられている。折角の優秀で創造的なアイディアが旧来型の巨大な組織のなかに閉じ込められてしまい外部に出て行かない、ともいわれている。

資金面の一般的な支援体制も弱い。遺産による資金提供や寄付等による科学技術研究部門への資金拠出の規模は米国等に比べると恐ろしく小さい。100分の1程度の規模である。これには拠出者に対する社会的評価が必ずしも十分でないことなどが影響している。

そして何事も大企業や大規模大学といった組織中心に進められており、それはそれで一つの推進力となっており日本の科学技術の強みとなっているのだが、それらを越えて個人やベンチャーが成果を挙げる仕組みが育っていない、といわれている。

情報・通信の役割

情報・通信は物質、エネルギーに次ぐ第三の価値という表現さえある。人間自体、外界の情報を体内に取り込み、その伝送、処理をして生きている機能を持っている。

古代より人間は言葉、文字、のろしなどといった各種の通信手段を持っていた。

日本では江戸時代に飛脚が発達し、江戸大阪間をリレー式に通常6日間で走り通したという。また、現在残されている徳川家康や坂本龍馬等からの夥しい手紙の量は、人力とはいえ当時、如何に通信網が整っていたか、如何に情報・通信の役割が大きかったかを物語っている。

19世紀以降は電気通信が主役に躍り出て、より早く、より大量により、より正確に、を目指しつつ技術が飛躍的に高度化している。

第十一章　得意の分野　科学技術　　113

作家のアイザック・アシモフの有名な言葉に「スペインのイサベラ女王がコロンブスの米大陸発見を知るまでに5ヵ月を要し、欧州がリンカーンの暗殺を知るまでに2週間を要したのに対して、世界がアームストロング宇宙飛行士の月面着陸を知るまでに1・5秒しかかかっていない。」というくだりがある。情報技術の進歩がいかに日進月歩であるかをこの言葉は端的に示している。

　19世紀にロスチャイルドはナポレオンがウエリントン将軍と対峙したワーテルローの戦いの結末を伝書鳩によりいち早く知り英仏両国の債券を大量に売買して巨万の富を築いた。また、織田信長は対戦相手の今川義元の大軍がうなぎの寝床のような狭い山道（桶狭間）を通るという情報に接して、少数の手勢ながら、長く縦に展開した今川の軍を横から突き、大勝利を収めたことなどは情報が如何に大きな成果をもたらすかを端的に物語っている。

　情報化時代を迎えた今日の世界では軍事力や経済力といったハード面に劣らず文化などの発信力であるソフトパワーが国益増進の要件になるという分析がある。今後の産業の繁栄を支えるものは「情報」である。産業は情報資源によって活動し、情報の生かし方が企業の盛衰に直接に影響を及ぼす時代である。

　人類はインド人の思索の果てにゼロという概念があることを知った。欧州の人々がそのゼロという概念を理解したのはその1000年後だったといわれている。ゼロやマイナスという概念へと拡張されていくと次第に整数の意味が明らかになっていった。10進法が普及し、さらに20世紀になると**2進法**が導入された。電子計算機コンピューターは2進法を取り込んでおり、演算技術の水準を飛躍的に高めた。

情報の役割

　情報・通信は物質、エネルギーに次ぐ第三の価値という表現さえある。人間自体、外界の情報を体内に取り込み、その伝送、処理をして生きている機能を持っている。

　コンピュータの性能は、この10年間で計算速度は千倍も早くなった。その結果、人類の作業フロンティアは際限なく広がった。曖昧さを意味する

114　　第十一章　得意の分野　科学技術

「ファジー」なるものもコンピュータに取り入れられ数字の持つ硬直性、非人間性が克服され機械でありながら限りなく人間の感性に近い処理が可能になった。複雑性、柔軟性、連続性など生き物の特性も機械による表現が可能になった。そうしたコンピュータを利用して新製品が数限りなく世に躍り出ている。そしてそのかなりの部分において日本人による貢献が目につく。

　まさに現在進行中の情報通信革命は、農業の始まり、文字の発明、羅針盤の発明、活版印刷技術の発明、産業革命に次ぐものであり、頭脳としてのコンピュータ、神経としての通信システムは人類の歴史的な壮大な試みとして位置づけることができる。

　ＩＴは**4つの壁**、すなわち時間、距離、規模、種類という壁を越えることを可能にしている。

　情報通信革命の意義は，さまざまな経営資源の新結合を可能にし、新たなビジネスモデルを構築する基礎を提供したことである。すでにコンピュータ・ネットワーク時代ならではの新モデルの誕生が経済活動に革新の風を起こしている。

　情報革命には電気、内燃機関の発明などの技術革新と異なる二つの特徴がある。

　一つは、情報革新の普及の速さである。情報革新は多くの人が利用すればするほど効率がよくなるのでその普及は早い。パソコン、携帯電話、インターネットが発明後に米国国民の25％に広がった年数を比較するとパソコンは16年、携帯電話13年、インターネットに至っては7年という短期間である。非常に早い。

　第二は、情報革新により情報インフラが整備され、双方向性という特徴が縦横無尽に効果を発揮している。対話、相互作用を通じてそれ自体の情報の量・質を高めていく。

情報革命と国の経済力との関係

　それでは情報革命は何故一国の経済力を高めるのだろうか

　まず、同一手段による**表現の共有**という長所が挙げられる。書き言葉、文

第十一章　得意の分野　科学技術　　115

字の発明が文化のレベルを一気に引き上げたように、また、数学の発明が科学技術を興し、通商の規模を飛躍的に広げたように、五線譜が音楽を急速に深いものにしたように、いずれも記憶などの曖昧なものに頼っていた次元から人々を解放し人々の知識を共有化し保存し新しい創造への苗床を用意したという意味で現在進行中の情報通信革命は画期的な意味をもつ。それはより複雑な思考への道ならしをしている。交流手段の普遍化は巨大な動力を発揮する。ＩＴ革命の本質は情報を**デジタル化**し、効率化したところにある。

　そして、それは森羅万象、人間の生活における選択肢を飛躍的に拡大する。組合せの可能性を際限なく提示している。あらゆる「可能性」そのものであり、フロンティアを広げていく。

　それは人間をして**時空**を超えさせる。

　卑近な例では、インターネットを使えば、居る場所を問わず情報を自由にやり取りでき、相手との会話ができる。都市であろうと、地方であろうと関係がない。24時間通信がいとも簡単にできる。実現するための時間は瞬時であり手間も時間もかからない。

　在宅勤務、サテライト・オフィス勤務が容易になった。携帯電話、電子メール、モバイル・コンピューターなどにより常時、連絡交信ができる。ソフトは初期の開発費は莫大だが限界コストはゼロに近い。量を増加していけばコストはたちどころに安くなる。費用逓減の法則が働く。

　画面を通じて交渉ができる。そこで**双方向での相対取引**の対象の範囲が無限に広がった。

　利便性が人々の活動を助ける。例えば、登録ができ、記録に残せる。遊休部分はいくらでも切り捨てることができる。成功に至るまでいくらでもシュミレーション等を通じて試行錯誤、図上実験を繰り返すことができる。経済活動というのは所詮組合せの技術なのである。それを自由自在に行なえるということはひと昔前の経済人にとって夢のような話であった。これを使いこなすことによって経済は確実に発展の道を辿る

　情報機器の利用やソフトの利用などにより**需要の大がかりな掘り起こし**が行なわれる。これが雇用増大に結びつき、経済を活性化させる。いわば商品や産業のイノベーションによる新規需要創出効果である。

コンピューター、半導体の技術により高度の商品が作られそれが強い国際競争力を持つようになる。需要に適合した輸出機会の飛躍的拡大をもたらす。

情報が質量ともに拡大すればそれだけ市場において需要と供給とが折り合う機会が増え、**取引が拡大**する効果がある。これは実に大切な視点である。例えば北海道旅行を企画したとする。予算は限られている。インターネットで検索し組み合わせていくとこれまでなら実現不可能と思われていたことが可能になり成約に至る。契約機会を増大させるということはとりもなおさず経済が拡大することを意味している。ＩＴ経済においては供給者はもとより消費者にもたらされる利益も大きい。消費者の選択の幅を飛躍的に広げいわゆる消費者余剰（消費者が最大限支払ってもよいと予め考えていた金額と実際に支払った金額との差額）を増やす。

供給側・生産側にとってコンピューター等を通じて情報に広く接することができれば需要を確実に捉えられる。**ビッグデータの活用**などはその典型例である。その結果、効率のよい供給体制を敷くことができ、生産意欲も増加する。需要に応じて供給が上へ上へと引き上げられていく。

インターネットの普及により交換可能な財の存在を多くの人が瞬時に把握することが可能になる。これは需要の面から**ニッチ**（隙間）の存在を示唆しその間隙を埋める産業の出現を促す。強い情報産業をもつ国の産業は強い駆動力を持つことになる。

最後に、**電子商取引**の普及によって流通機構を通さなくてもモノが買えるようになると経済全体が効率化する一面がある。

凄い勢いで普及するインターネット

2011年のインターネット利用者数は世界全体で17億人に上り世界の人口の5人に1人がすでに利用している。国際電気通信連合（ＩＴＵ）によると、国別利用者数（2011年）は、中国が5．1億人で第1位、米国が2．4億人で第2位、日本は1億人でインドに次いで第4位だった。以下、ブラジル、ドイツ、英国、ロシアの順である（木本書店「世界統計白書」2015〜16年版）。情報における米国の地位は圧倒的だが、中国、日本が欧州の主要国とともに追い上げている。世

第十一章 得意の分野 科学技術　117

界のインターネット利用人口に占める米国人の割合は91年には80％以上だったが、この比率は94年には65％、97年には54％に低下しており、利用者数が米国以外において急速に増加している図が見て取れる。

　インターネット利用率は日本では83％であり、オランダ93％、スウェーデン93％、英国92％、米国87％等には及ばない（総務省統計局「世界の統計」2016年版）。

　我が国では、高度情報通信社会の実現に向けて、全家庭に光ファイバー網を敷設する計画が進められている。この計画の実現により、通信、放送の融合が進み、多チャンネル化した放送や様々な通信サービスが家庭に流れ込むことになり、住宅内でこれらのマルティメディア情報に接することが可能になる。これまでは、地上波放送、衛星放送、電話、ファックス、パソコンなどがそれぞれ異なる独自の配線によってきたが、新しいシステムではこれが一元化され、大変シンプルなものになる。

　情報、放送、コンピュータなどが融合して巨大な成長領域が形成されている。新ネットワーク産業などがこれである。距離の壁や情報格差の壁を次々に突き崩し、社会のあり方そのものを変えている。

　日本は本来、国際政治や国際経済の種々の中心から地理的には遠いところに立地しており、かなり不利な立場にあったといえる。しかし、インターネットをはじめとする情報革命によってこのハンディキャップが解消されつつある。**グローバル化の渦**のなかに直接、身を置くことができるのである。そして世界がセンター単位で把握されるようになってきており、東京は，ニューヨーク、ロンドン、シンガポールなどとならび地球の情報空間をカバーする主要拠点としての地位を固めつつある。それにより受信基地であるとともに発進基地として重要な役割を果たすことになり、そこから得られる付加価値は計り知れないものがある。

118　　第十一章　得意の分野　科学技術

第十二章　独自の奥義を発信する 芸術・文化

日本文化

　外国に出て意外と思えるほど実感するのは各国の人々の日本の芸術・文化に対する関心の高さであり、その個性的内容に対する称賛の言葉である。四季折々の情緒をたっぷり内包し、西洋からの直接の影響を免れて生成された茶道や生け花などはいうに及ばず、例えば、三島由紀夫の晩年の四部作「豊饒の海」の「輪廻」の含意や、建築家安藤忠雄の「水の教会」の理念に関して、外国で会った人達からこちらが戸惑うくらい深い省察や見解を披露される場面に出会った。

　平安中期1008年に世に出た紫式部の**源氏物語**は驚くほど古い時代のものであり世界の文学の歴史のなかで最大級の評価を受けている作品である。登場人物が五百人近くという現代において出版されたとしても度肝を抜く雄大なスケールの流麗な大河小説である。日本語で書かれたものだけに世界における知名度は決して高くないがエドワード・サイディンステカーなどの英訳によって漸次世界での評価が定着しつつある。

　各々の分野において世界の芸術・文化の中にあって日本は独特の輝きを放っている。世界を旅する過程で、日本の芸術・文化をさりげなく取り入れた事例にどれほど遭遇したか分からないほどである。例えば1998年ごろに訪ねたベルリン・フィルの牙城である音楽ホールには日本とは関係のない催しだったが客席脇に所狭しと巨大な岐阜の和風提灯が飾られていた。

文化優先の足音

　日本人は中国、インド、朝鮮半島とも明らかに異なる文化、芸術を形成してきた。それは、我が国固有のものである。そして、このような歴史をもつ日本の今日の芸術、文化もまた世界に対して独自性を主張し、世界の文化の領域を広げるとともに、多くの「美」を発出している。

どうやら日本人には二つの流れがあるようだ。一つは、そもそも江戸時代やさらにさかのぼって平安時代のように「もののあはれ」、「幽玄」や「粋（いき）」や「すい」を尊重するゆったりした趣味人、文化人としての顔。その対極にあるのが明治維新の富国強兵の雰囲気のなかで下級武士出身者が実権を握り勤勉で質実剛健な国民性を育てた。これまではどちらかといえば戦後の高度成長のもとで明治時代の気風が幅を利かせ、ややともすれば芸術・文化が置き去りにされがちだった。しかし、最近再び文化優先の底流が意識され始め、文化・芸術が経済・生活実態を凌駕しているように感じられる。

人類が認識する究極の価値には、ごく単純化していえば「**真**」、「**善**」、「**美**」、「**豊**」の四つがあると思われる。このうち「真」は科学、「善」は法秩序、「豊」は経済に係る価値であるのに対して「美」は芸術、文化に係る価値である。

美は人間の心と頭脳によって知覚されるが、その知覚は長続きしない。知覚の対象自体が変わることもあるし、対象は変わらなくても知覚が薄れて消失してしまうこともある。なんとか人工的に美をとどめておくことができないものか。そこに芸術が登場する必然性がある。芸術は美を固定し、また、新たに、そして、変幻自在に創造することを使命としている。

芸術の起源は祭や祈祷

芸術の起源を遡っていくと、それは原始形態での祭りや祈祷のための装飾や表現からだったといわれている。神や仏、自然神のような絶対的存在に奉仕したいとする気持ちが人類に芸術心を芽生えさせた。そしてこの神秘性への接近がやがて合唱、演奏、絵画、彫刻などへと転化していく。

近世までの時代は芸術の果たす機能は政治的、宗教的儀式や権威付けなどに奉仕することに主眼が置かれていた。そして、美を作り出す人々は、それらの人々に雇用された専門的技能者、ないし職人にすぎなかったのである。

しかし、現代では利便や装飾、儀式といった段階から全く離れて、これ

らの分野が独立した価値尺度で評価され、芸術、芸術作品、芸術家を形成するようになった。現代において、芸術家や文化人の地位は極めて高い。人々から仰ぎ見られる存在であり、社会に対して大きな影響力を有している。

美とは何か

　芸術は、快楽や豊かさへの希求と近い関係にある。生活のより楽しい部分を担っている。そして楽しい生活に向かって進展していけばよいという思いが託されている。過去に目が向いたとしても理想の実現という夢を伴っている。何れの場合でも時間軸としては現代の生活を越えた部分をもっている。実生活の理想と現実とが混じり合っているものが芸術の基礎をなしている。

　日本人はこれまで美とは何か、芸術とは何かという問いに対して真正面から取り組んできた。たとえば、江戸時代に近松門左衛門はその芸術論議「**虚実皮膜の間**」で、芸術創造の奥義を披露している。それによると、芸術の本質はすべて虚と実とが絡み合うところに在ると言う。芸術における表現は現実をそのまま写すものではないのである。芸術とは虚を通じて実を表す表現作用である、ということである。そこではあくまでも虚構性が強調されている。

　なるほど芸術の分野では、たとえば、絵画は二次元の平面を三次元の立体空間のように見せかけている。音楽は擬音以外は写実的なものは何一つなく、ほぼ完全に抽象度の高い虚構だけで構成されている。また、文学は記録ではなく観念の世界を構成している。

　では何故に芸術は虚（きょ）の世界を描くのだろうか。それにはいくつかの理由があるように思う。たとえば虚であれば描くのに何の制約もない。無限の展開、変化が可能だ。虚の方が伸び伸びと美を表現できる。実の世界を実だけで表現すれば、逆に「実」はするりと手からこぼれ落ちてしまうので、むしろ虚の側から実に迫った方が実を構築しやすいという面がある。あらゆる感情の底にある無限なるものを表現しようという試みになる。

　抽象度を高めていくほど、もともと抽象的概念である美というものはと

第十二章　独自の奥義を発信する芸術・文化　　121

らえやすいのだ。再現することが芸術の使命であるとすれば、再現の作業そのものが実そのものではないので虚が活躍する。暗示によって映像を喚起する。美は想像力のうちに成立するものである。いかなる実といえども、それを描写するには誇張とか、見る角度とか、メリハリ、といった主観が働く。そこには常に虚が入り込む余地がある。

芸術の7つの要素

ところで、芸術を芸術たらしめているのは、私見であるがここまでに述べた「美」意識のほかに7つの要素、すなわち、「知性」、「わざ」、「作品」、「芸術家」、「鑑賞者」、「市場」、「時代」があると思う。これらの7つの要素の美をめぐって織りなす作用が芸術であり文化なのだと思う。

（一）**知性**。芸術における大きな分野を構成する文学において、「知」の契機は大切である。人間の思考力、ことに概念的に抽象的に思考する能力を知性という。知性とは認識でもある。知恵にも近い。知恵とは、人生の意義、目的、ならびに物事の道理をよくわきまえて事態を正しく認知し物事を適切に処理する能力をいう。

神秘な美の本質は、直感力だけでは掴むことは出来ず、知性の助けを借りなくてはならない。美意識は知性に支えられて初めて深みを帯び、永続したものになる。

（二）**わざ**。芸術とか美術とかいう言葉に「術」という漢字が入っていることでも明らかなどおり、美しいものを一定の感覚形式にはめ込んで表現していく技量を意味している。それぞれの芸術分野に応じて、いろいろな約束事が生まれ、芸術の技巧は洗練されて行く。

日本人は芸術を「わざ」「たくみ」、またしばしば「みち」「道」などという言葉で表現した。「芸術は長く、人生は短かし」という格言がある。技を磨くには長時間の、ないし短期間でも集中的な修練を要することが多い。

作家が自らの天分と常日頃の修練を踏まえながら、新しく感じ取った美的価値を自らが好む感覚形式で表現する。技に磨きをかけるのは感性であ

る。人が生き生きと芸術活動が出来るのは感性に突き動かされているからである。

　技を通じて、能率、快適性、「間（ま）」などすでに確立されている領域をさらに広げていく。技や様式の会得は制作において不可欠であるばかりでなく、鑑賞する側でも鑑賞の価値基準ないし評価基準を持つという意味において必要であり、また、教養として役立つ。

　（三）**作品**。一つ一つの作品は作成者によって生み出された瞬間から作者とは独立したものとして存在していく。作者がどんな性格で、どんな生活を送っていようと、作品は別の次元の存在を主張する。

　傑作を見たり、聴いたり、読んだりすると我々は銀嶺に輝く富士山を仰ぎ見るような神々しさに打たれ、何かこみ上げるものを感ずる。

　偉大な芸術作品は、侵しがたい気品を持って我々に語りかけてくる。人間が樹立した業のなかで最も崇高な価値とも言うべきものを内包している。すなわち、芸術作品は描写能力や表現能力の豊かさゆえに日常的な感覚世界を脱して、自己の内面的な深み、人間の奥深い内的経験を刻み込むことにより超自然的、超感覚的な実在を親しく把握し、それと一体化することを強調していく。時間的・空間的存在でありながら、芸術作品は作者の意図にかかわりなく、作者や享受者の世代のみならず、それをはるかに越えて永遠への志向性を有している。

　（四）**芸術家**。芸術家は美の創造を使命としており、自然や人生に対する鋭い感覚を巡らせて美を発見し、表現形式を通じて明確な形で人々の前に提示する。いわば「美の狩人」である。

　芸術を創造しようとする人の心を占めているのは、想像力、科学力、思索、感覚、情緒などである。可能な限り高い境地を目指し挑戦者の精神を有している。天才が未知の地平を開くのでなければ新しい芸術は生まれない。それゆえ、芸術はいつの時代にも天才という源泉から流れ来る大河のようなものである。

　（五）**鑑賞者**。芸術は双方向性が特徴である。作品の提供者の存在はもちろ

第十二章　独自の奥義を発信する芸術・文化　　123

ん大切だが、それとほぼ同じくらいの比重をもって、鑑賞者、つまり、普通の人々が感受性を持ってこれを受け止めることが大きな意味を持っている。作品は鑑賞者に対して繰り広げる個性的な世界である。個々人が芸術作品を鑑賞するのは鑑賞者の持つ想像力によってである。その力によって作品の核心を掴むのだ。それは作者から鑑賞者への謎解きの問いかけであり、両者の間で壮絶な知的闘争が繰り広げられる。鑑賞者の側も、強い意志と感性を持って立ち向かわないと、自分自身の自己否定につながり、惨めな結果に終わりかねない。鑑賞者が芸術品に対峙・対決した時に生まれる美的体験、そのこと自体が大切である。それは、芸術作品自体の持つ言語や行動を超えた姿なき価値への共感・非共感ないし強い反発を生起する。作品はオリジナルな世界だが、作者の世界であるばかりでなく、鑑賞者の水準いかんでは作者の意図を超える可能性をはらんだ世界でもある。作者一人のものではない。鑑賞者が行う固有の解釈がそこにある。

　ただし、芸術の鑑賞も、芸術が洗練されるに従い出来上がった約束事に制約されるようになる。鑑賞者にとってその約束事が陳腐に感じられるようになると、社会はまた新しい芸術の登場を望み、荒々しく未知の世界からそれを強引に引っ張り出す作業に取りかかる。

　（六）**市場**。人を育てるにはお金が要る。松尾芭蕉が活躍できたのは彼の生活を支えた贔屓（ひいき）筋の存在である。芸術にはスポンサーの存在が不可欠である。

　気前よく金離れのよいスポンサーが存在しなければならず、また、分厚い需要者層の購入意欲がなければならない。不景気になるとスポンサーも減り、観客も、購買者も減ってしまい、芸術家離れを誘発する。

　かつてのように特権的な少数の者の鑑賞に応じるために芸術品を制作するよりも、今日では社会全体に向かって制作する方が芸術家にとって大きな利益をもたらすようになった。そこで制作に商業主義が深く関わり始める。原作の他に多くの複製を生み、無数の複製を享楽する大衆が芸術の保護者として大きな役割を果たすようになった。大衆が求めるものは、いつも芸術の最高水準のものとは限らない。安らぎを生むだけのものでも記録的に売れる場合がある。

その意味で、今日では市民社会全体がパトロンである。芸術家は注文によらずに出品して社会に訴えようとする。しかし、それをどう評価するべきか市民社会が戸惑うことが往々にしてある。ここに批評家、ないし作品の職業的論評者が生まれる必然性がある。そしてよい批評家を育てるには感度のよい鑑賞者層がなければならない。それは所詮「ニワトリか卵か」の関係に類する。

　（七）**時代**。不易流行という言葉がある。不易は芸術の本質が永遠であり不滅である面を指し、流行はその時代とともに変化する流転の相を指している。風雅の誠を追及する過程で動的にとらえれば流行だが、それを静的にとらえれば不易ということになる。一つの世代が社会の中核となって活躍する年月の帯を仮に数十年とすれば、社会の文化様式もまた、ほぼ数十年を周期として変動していく。

　感性は素直に時代を映す。時代の特質を芸術がいち早くとらえるのは、芸術の本質が美の創造であり、美とは感性に触れる精神的価値だからである。享受者の共感を得た時に初めて文化として定着していく。それぞれの時代における信条ないし情念の共通項を固定し、それを遺産として集積していく。しかし、芸術は単にその時代が生み出したもの、ないしはその時代を反映したものというだけにとどまらず、むしろ能動的に作用してその時代の性格を形造る重要な面を併せ持っている。さらには、芸術は予言的であり、時代に先駆ける。時間軸との競争になるわけである。

　問題はいつの時代でもそうなのだが、その時代の世代間で芸術的価値が分裂することも多い。収拾がつかなくなるほど多様化する。理解しがたい乖離が現実となった時、芸術は荒々しい変貌を試み、また新しい時代を作り出す。

世界の芸術運動への日本人の貢献

　日本人の作り上げた芸術は世界の美術史に大きな足跡を残してきた。
　たとえば、安土桃山時代が準備し、そのほぼ百年後以降に花開いた江戸時代の町民文化は、以上述べた芸術・文化の要素をすべて包含し具体化し

た希有な、まことに不思議な時代だった。ルネッサンスと並んで世界芸術史上において最大の美意識転換をなし遂げた19世紀後半の印象派（インプレッショニスト）運動において、その主導者であるモネ、ルノアール、ゴッホ、ロートレック等に強烈な衝撃・影響を与えたのは他ならぬ葛飾北斎、喜多川歌麿、歌川広重等の浮世絵、尾形光琳等の屏風絵等などに代表される「日本の文化」ジャポニズムだったのである。

　これまで、世界的に評価されている日本人の芸術家としては、近代以降だけでも、狩野永徳・山楽、尾形光琳、俵屋宗達、葛飾北斎、喜多川歌麿、東洲斎写楽、安藤広重、横山大観、藤田嗣治、猪熊弦一郎、手塚治虫、イサム・ノグチ、丹下健三、小堀遠州、柿右衛門、浜田庄司、千利休、勅使河原蒼風、近松門左衛門、松尾芭蕉、夏目漱石、三島由紀夫、川端康成、谷崎潤一郎、鈴木大拙、滝廉太郎、武満徹、宮城道雄、武原はん、黒沢明、小津安二郎、三船敏郎、などである。

　また、現在、世界で活躍中の人物としては、小沢征爾、大江健三郎、村上春樹、安藤忠雄、磯崎新、三宅一生、新藤兼人、宮崎駿、千宗室、草間彌生、佐藤しのぶ、内田光子など枚挙の暇がないほどである。

　今日、日本の各地で、人間の想像力、創造力、飛躍力のぎりぎりの限界点を目指した、生き生きした芸術・文化活動が展開されている。たとえば、日展や二科展に代表される全国規模の美術展、おびただしい演奏家グループやコーラス・グループの存在、巨大な茶道、華道、俳句・短歌の人口、阿波踊りなどの踊りの輪、東北三大祭や札幌の雪まつり、京都をはじめ関西の社寺の四季折々の行事。日本の場合、とにかく分厚い層による文化、芸術への日常的な参加が非常に目立つ。

第十三章　繁栄する日本のスポーツ界

スポーツにおける3つの構成要素

　一つの運動が「スポーツ」として認められるためには、3つの要素、すなわち、⑴ ゲーム性、⑵ 勝ち負けを決する人為的争い（コンペティション）、および、⑶ 激しい肉体活動、が要求される。

　まず、**ゲーム性**についてだが、スポーツはそもそも当初は息抜き、というか余暇の活動の一つとして行なわれてきた。時に体を動かすことは爽快さを覚えるし、健康にもよい。友人との交流もできる。それはスポーツという言葉の由来（息抜き）そのものでもある。日常生活から離れて、特殊な、一時的な活動領域に踏み込むのである。スポーツはゲームの一種でもある。ゲーム性ゆえに、そこには固有の秩序と緊張があり、規則（ルール）の存在が不可欠となる。ルールをわきまえた「ファアプレーの精神」も当然に随伴する。ルールのないスポーツは単なる乱闘でしかない。

　第二の要素である**人為的争い**（コンペティション）は、たとえば相手よりも早く到達するとか、相手のゴールにボールを放り込むなどなにものかを求めるための争い、と、たとえば体操競技のように参加する他者より、よりよく表現するための争い、とに分かれる。後者は均整とか美しさが求められ、芸術領域にも近い存在になる。

　第三に、純粋な精神的な活動はスポーツには含まれず、スポーツというからにはあくまでも**肉体的活動**に限定される。しかし、単純に肉体的な力の優位さを競うものではなく、そこにはゲーム性ゆえに、作戦・戦略とか、相手とのかけ引きといった巧緻さが見え隠れする。

　あらゆるスポーツにおけるその膨大な競技参加者数、観客数、「何になりたいか、との問いに対する少年・少女の回答数」、マスミディアの関心の高さ、などを総合的に判断すると、21世紀は一言でいえば「スポーツの世紀」と呼称されるほど、スポーツが大きな存在感を示すのではないかとの見解もあながち誇張し過ぎるとはいえないような気がする。

　ちなみに、私が今から40数年前に英国で3年間生活していたとき、「本当

の先進国とはこういうものなのだ」と一番率直に実感したのが、当地でくり広げられるスポーツの盛んな風景だった。ウィンブルトンのテニス、テームズ川でのオックスフォード・ケンブリッシ両大学のボートレース、あちこちで行なわれるラグビーやサッカ、緑の空き地で随所に見られるクリケット、近くで楽しめるゴルフ、大きなヨットや舟を操るセーリング、など、それらは英国民にすっかりなじんで生活習慣になっていた。住所の近くにテニスクラブがあったのでそこに入れてもらったが20数面のコートが森の中に点在しており、鳥の鳴き声を聞きながら友人と汗を流したのも今思えばもったいないぐらいの経験だった。全てに共通することはとにかく料金が安くほとんど負担感を感じないほどのものだった。スポーツ振興が国是となっており公的な補助が手厚く施されている結果であるということを後で知った。

人類最大の祭典オリンピック

　スポーツを最も総合的に表現する行事がオリッピックである。

　古代オリッピックは紀元前776年にギリシャのオリュンピアで行なわれた（正式には第一回の復活祭典行事）。はじめは短距離競争1種目だけであり、優勝者の名前が記録に残されている。その後種目は増加し長らく26種目で行なわれていた。その中での大会の華（はな）は5種競技（短距離競走、幅跳び、円盤投げ、槍投げ、レスリング）であり、その優勝者は祖国に凱旋すると大変な歓迎を受けたといわれている。

　古代オリンピックは紀元後393年にキリスト教が国教化されると、異教の祭典であるとして禁止された。その後、キリスト教時代において肉体を卑しむという宗儀のためにスポーツの空白時代が続いた。

　近代に至り、イギリスにおいて貴族の子弟の多い**パブリック・スクール**等で教育・訓育の一環としてスポーツが奨励された。子弟を心身ともに鍛えるにはスポーツが格好の教科とされたためである。陸上競技はもとよりのこと、英国人の手によって、テニス、サッカー、ラグビー、クリケット、ゴルフ、など数々のスポーツ競技が案出され、スポーツは一気にその間口を広げていく。

128　第十三章　繁栄する日本のスポーツ界

そして1859年に、ギリシャが、当時古代ギリシャ時代のオリュンピア競技場の遺跡が国内で次々に発掘されたことに刺激されて開催を決意し近代オリンピックが復活した。しかし、たとえば第3回目のときには参加者は24名に過ぎないなど大会は概して低調に推移した。

　こうした状況を打破するために、フランスの**ピエール・ド・クーベルタン男爵**が「国際的規模の競技会」構想を提唱し、その理念の下により多くの国が参加する近代オリンピックが1896年にアテネで開催された。参加国は14、参加選手数は241人、9競技43種目であった。この大会は**近代オリンピック第一回大会**と命名され、以後4年ごとに夏の大会が開催されている。冬の大会は1924年から始まった。5つの大陸の結合を表すオリンピックの五輪マークはクーベルタン男爵自らが考案したものである。

　オリンピックが国際色を強めたのは1908年第4回目のロンドン大会からである。近代スポーツ発祥の地ともいえる英国の招致は成功し、参加国は22、参加選手数はその前の大会の3倍にあたる2000人強に達した。第18回大会は1964年、アジアで初めて東京で行なわれ、19競技、163種目で、参加国は93、参加選手数は5，151名となり既往最高の規模を記録した。

　直近では昨年2016年8月に**ブラジル・リオデジャネイロで第31回大会**が行なわれ、26競技、306種目、参加国・地域は205、参加選手数は10，568人であった。

　ここ5回ほどの大会（米国・アトランタ、オーストラリア・シドニー、中国・北京、英国・ロンドン、ブラジル・リオデジャネイロ）では世界中の人気が頂点に達し、おおよそ競技数は26〜28、種目数は300内外、参加国・地域は200強（つまり全世界の国がもれなく参加）、参加選手数は1万人を多少上回る10，500人内外となっている。開催国の財政的負担等を考慮して最近の大会の規模はほぼ安定した状態で推移している。

　2020年には東京で開催されることになっている。世界中隅々まで73億人の人々がいまや遅しと開催を待ち受けている状態である。

　また、冬季オリンピックは1924年にフランスのシャモニー・モンブランで第一回大会が開催された。日本でも過去において札幌（2回）、長野で開催された。2018年の韓国平昌（ピョンチャン）大会までで23回を数える。この大会では7競技102種目が行なわれ、92カ国が参加し、参加選手数は2，925名

第十三章　繁栄する日本のスポーツ界　　129

であった。

　肢体不自由の身体障害者を対象にしたパラリンピックは1960年から夏季オリンピックと同じ年に同じ場所で開催されている。最近の大会では参加国は160内外、参加選手数は4千人を超え、極めて盛会である。

　オリンピックはいまや、人類のあらゆる催しのなかで世界最大のイベントになっている。近代になって花が咲いたスポーツというものが、いかに人類にとって魅力的なものであり、必須のものなのかを率直に示している。

　日本選手がオリンピックに初めての**参加**したのは1912年の第5回ストックホルム大会であり、選手数は2名（マラソンの金栗四三選手と短距離の三島弥彦選手）であった。日本人として初のメダルは1920年アントワープ大会におけるテニスで熊谷一弥選手の獲得した銀メダルだった。初の金メダルは1928年アムステルダム大会三段跳びにおける織田幹雄選手である。日本は1964年の東京大会以降でいえば毎回200〜300人強の選手団を送っている。ちなみに、これまでに夏季・冬季の大会のメダル獲得数は、金メダル152個、銀メダル151個、銅メダル181個、合計484個である。オリンピックの意義はクーベルタン男爵の言葉のとおり「勝つことではなく参加することであり」、私も決してメダル数にこだわるわけではないのだが、参加の精度を見る一つの参考としてこの本ではメダルの記述が多いことをお許しいただきたい。

日本選手の活躍が目立ったリオデジャネイロ・オリッピック

　2016年の夏に行なわれたリオデジャネイロ大会において、日本は338名の選手団を送り込んだ。内訳は陸上競技52名、水泳61名、ラグビー24名、体操19名、サッカー18名、ホッケー16名、柔道14名、バレーボール12名、バスケットボール12名、レスリング10名、などである。男女別は男子174名、女子164名である。女子数が男子にほぼ拮抗しているのは、オリンピックまでの予選通過や標準記録突破などにおいて我が国では女子がかなり国際的水準が高いことを示している。日本が獲得した金メダルは12（世界第6位）、銀メダル8、銅メダル21、合計メダル数41であり、参加国205国中世界第7位のメダル獲得数となった。内訳は柔道12、水泳9、レスリング7、等となっている。

各国別の金メダル獲得数は首位は米国の46、次いで英国27、中国26、ロシア19、ドイツ17、日本12、フランス10、韓国9、などの順であった。

まことに多彩な日本のスポーツ

　日本はスポーツの大変盛んな国である。世界でも最上位グループに入ると思われる。

　競技人口の多い種目としては、野球、サッカー、相撲、柔道、空手、合気道、レスリング、重量挙げ、陸上競技、水泳、体操、マラソン、テニス、卓球、ゴルフ、ソフトボール、バトミントン、ボクシング、ラグビー、アメリカン・フットボール、バスケットボール、フェンシング、弓道、アーチェリー、冬季スポーツとしてはスキー、スケート、フィギアー・スケートなど広範な広がりをもつ。

　大変特徴的なのは、**大規模な全国大会の存在**である。まず、毎年、全国規模でスポーツが行なわれる国民体育大会は、1月がスケート・アイスホッケー大会、2月がスキー大会、9—10月が陸上・水泳をはじめとしてほとんどのスポーツ種目を網羅する本大会、の3回に分けて開催されている。都道府県単位で争われ、各国を見渡しても極めて規模の大きい大会の一つである。

　個別の大会としては、マラソンでは大学対抗の箱根駅伝、東京マラソン、福岡国際マラソン、野球では全国高等学校選手権大会、東京6大学野球、サッカーは全日本選手権大会、そして全国相撲大会など、おびただしい数の参加校、参加選手数を誇る大会が目白押しの状態である。とくに甲子園での高校野球、箱根駅伝などは伝統といい参加する選手層の広がりといい、世界広しといえどもこれだけの規模のものはなかなか存在しないのではないかと思われる。企業単位、ないし企業対抗の各種のスポーツもまことに盛んである。また、一般人レベルのものでも、野球、ソフトボール、バレーボール、サッカー、卓球、テニス、柔道、相撲、ゴルフ等の大会、各地の地域興し的なマラソン大会などおびただしい数に上る。応援を目的にしたチアー活動も活発である。

第十三章　繁栄する日本のスポーツ界　　131

世界有数の巨大なスポーツ市場が存在する国

　見るスポーツでの観客数も大変多い。年間観客数（2016年）はプロ野球はセントラル・リーグ1,390万人、パシフィック・リーグ1,110万人で合計2,500万人、サッカーはJ1リーグが550万人、J2が320万人、J3が70万人で合計940万人、大相撲が77万人、などである。大相撲の観客数が少ないのは開催日数が1年6場所で通算90日しかないことによるものであるが、テレビ、新聞などによる国民の間の話題性を考慮すると、野球、サッカーとともに国民の人気を三分する地位にある。世界的にもファンが非常に多い。

　日本のプロ野球の観客動員数は、世界のプロスポーツ、すなわち野球、サッカー、アメリカン・フットボール、バスケットボール等、世界各国のリーグ戦のなかでは米国のプロ野球メジャーリーグ（MLB）に次いで世界で第2位の位置にある。その数はサッカーで熱狂する欧州各国の著名なサッカーリーグ、たとえば英国のプレミアリーグ、イタリアのセリアAなどの観客数を優に上回っており、日本人がいかにスポーツを愛好しているかを明確に物語っている。

　いまや、世界から見ると、日本は巨大なスポーツ市場が存在する国なのである。

日本発祥のスポーツ種目

　世界中で普及している各種スポーツのなかで日本が発祥の地とされるものには、柔道、空手、相撲、剣道、軟式テニス、競輪などがある。これらのものはいずれも類似のタイプのものが他国に存在する場合はあるが、その様式、作法、ルール等はそれぞれにおいて日本独特のものである。特に柔道はオリンピック歴代26種目（リオデジャネイロ大会）の一つとして位置づけられており完全に世界のスポーツとして認知されている。日本の世界のスポーツの発展に対する大きな貢献として特記されてよい。世界の柔道の競技人口は、多い順に、フランス56万人、ドイツ18万人、日本17.5万人、スペイン10.5万人、モンゴル10万人等となっている。しかし、競技人口としてではなく柔道愛好者数の推計となると、例えばブラジルの200万人をはじめ、中南米やヨーロッパ、中央アジア、アフリカ、などに愛好者が非常に多い。

「イッポン」「ワザアリ」、「マテ（待て）」など国際大会で使われる用語は日本語である。

第十四章　平和な宗教

宗教の歴史は平坦なものではなかった

　世界の大きな流れに徴すると、1989年のベルリンの壁の崩壊を契機にして資本主義対共産主義という政治・経済・社会体制をめぐる基本思想（イデオロギー）上の対立軸が一気に薄れ、代わって宗教上（ないし宗教に隣接して起こる民族上）の対立に基づく混乱が世界各地で多発することとなった。ニューヨークにおける2001年9月11日の同時多発テロ、シリア、イラクにおける「イスラム国（ＩＳ）」による過激な行動、アフガンにおけるタリバンの動き、中東を中心とするイスラエルと周辺アラブ諸国との紛争、ベルギー、フランス、ドイツ、英国等において多数の死傷者を出したテロ事件など、極めて深刻な事態が相次いでいる。

　宗教はそれぞれの宗派にとっては平和への気高い志向をもっているのだが、人々にとって固い信念を信仰という形で集団で守っていくものであり、安易な妥協が難しく、他との対立が高ずれば武力衝突ということになりかねない危険性をはらんでいる。また、それは古来、どの国・地域においても宗教や宗派同士の血でべったりと塗られた陰惨な過去を有している。もともと人類にとって極めて処理の難しい領域なのである。

キリスト教、イスラム教、仏教が世界の三大宗教といわれる。

　ここで改めて宗教の意味づけを考えてみる必要がありそうである。

　宗教とは、「人生に超越した崇高・偉大なる絶対、すなわち神や仏を畏敬する感じから、これを崇拝信仰して祭祀を行い、それによって慰謝・安心・幸福を得て以て人生の欠陥を補わんとする機能。古来、その教義・行事等の相違によって種々の宗教がある。今日においては、キリスト教・マホメット教（正しくはイスラム教）・仏教が世界の三大宗教として最も勢力を有する」（大漢和辞典）。

　世界の宗教人口は、キリスト教が22億5,400万人、世界人口の33. 4％を

占め、イスラム教が15億人、22．2%、ヒンズー教が9億1，360万人、13．5％、仏教が3億8，400万人、5．7%、以下その他となっている（百科事典「ブリタニカ2009年版」）。このうちヒンズー教はインド等の地域に極限されているので、一般にその地理的普遍性からキリスト教、イスラム教、仏教、が世界の三大宗教と呼ばれている。

　キリスト教は、イエス・キリストが紀元後30年ごろ現在のイスラエルの地ゴルゴタの丘で十字架に磔（はりつけ）されるまでの生涯、および死後復活を果たした期間において、人々に言い続けた教えを信徒達が集大成したものである。膨大な教義からなりたっているが、そのエッセンスはマタイによる福音書に述べられていると目されるので、それを要約すると、

　あなた方は、地の塩、世の光である。腹を立てるものは誰でも裁きを受ける。だから早く和解しなさい。姦淫してはならない。教えられるままに行じ、それを超える一切の誓いを立ててはならない。手向かってはならず、求めるものには与え、復讐してはならない。敵を愛し、迫害するもののために祈りなさい。施しは人目につかずに。祈りは簡潔に。そして、天に富を積みなさい。神と富、両者に仕えることはできない。自分のことで悩むな。主にまかせなさい。求めなければ与えられない。命（いのち）に通じる門は狭い。天の国に入れるものは、主の御心を行なうものと、わたしの言葉を聞いて行なう者である。人にしてもらいたいと思うことは何でも、あなた方も人にしなさい。

　次に、**イスラム教**は、6世紀に「最後にして最大の予言者」と呼ばれるマホメット（ムハンマド）によってアラビア半島メッカの地で興った。

　イスラム教はユダヤ教、キリスト教、ゾロアスター教などの影響の下で生まれた一神教であり、来世を信じ、神（アッラー）の前では人間はすべて平等である、と説く。

　そして、神の国へ入ることを願う信者は六信と五行を守らなければならないと説く。

　六信とは、神、天使、経典、予言者、来生、天命の六つを信ずることである。

五行とは、日常生活において信者が守らなければならない行いであり、「信仰の告白」、礼拝、断食、施し、巡礼の5つである。
「信仰の告白」とは、「アッラーのほかに神はなく、マホメットはその使徒なり」を信じ、かつ唱えることであり、礼拝とは、一日5回、聖地メッカに向かって拝むこと、断食とは、イスラム暦九月（ラマダン）の1カ月間、日中だけ断食をすること、施しとは貧しいものに恵むこと。巡礼とは、イスラム暦12月（ハジ）にメッカに巡礼を行なうこと、である。

　第三の世界的規模の宗教である**仏教**は、紀元前5世紀ごろ、インド・ネパールの釈迦族出身のゴーダマ・ブッダ（釈尊）が説いた教えに基づいている。
　この世の一切は無常（常ならぬこと）であるとして、不変なるもの、現世のものに固執することを否定している。真理の世界は現実の世界を離れてあるものではない。我々人間には、仏陀（覚者）は人間の形をとって現れるが、真理そのものは、世界そのものであり、世界に充満している。一木一草といえども、すべて仏陀である。仏陀は無限の慈悲を備え、すべての衆生を済度（救済）する。そうした精神的帰結を心から信じ切っていろいろな形態で自己創造、自己改革に努めることが仏教の教える道である。
　仏教学者渡辺照宏によると、「仏教では、肉体および感覚の対象を『色（しきすなわち物質）』といい、感覚を『受』、表象を『想』という。『行』は範囲が広くさまざまな精神作用を含むが、とくに意志や意欲もこの中に入る。『識』は純粋の観念作用である。以上を五蘊と名付ける。これが諸法の分類の基本である。人間そのものも、人間が住んでいる世界もすべて、五蘊の結合と離反によって成り立つ。その離・合は常に変化するから、我々も我々の住む世界もともに『無常』である。すべては変化の流れに従うのみである。したがって現象を超越し、これを支配する主人公というものは存在しない。故に『無我』である。また、我々の思いのままに現象の流れを変えることができないから『苦』（一切皆苦）である。このように人間的存在の特質は無常、無我、苦としてとらえられる。（「仏教」（岩波新書）。）」

第十四章　平和な宗教　　135

神道と仏教とが半々という我が国の宗教分野

　我が国の宗教信者数は文化庁宗教年鑑（平成27年版）によると、神道系が9,200万人、48．5％、仏教系が8,700万人、45．8％、キリスト教系190万人、1．0％、諸教890万人4．7％である。

　総数は1億9,020万人であり、これは一人で二つ以上の系統に属している人が大勢いるためである。

　同宗教年鑑によると、全国の神社の数は8万5千社お寺は7万7千寺、キリスト教教会は4千4百となっている。全国のお坊さん（仏教系の資格を持つ人）の数は34万人である。

神道は神社において体現される

　文化庁の宗教年鑑にしたがって説明を進めていくと、神道は神社において体現されているが、**神社**に様々な神々が祭られているのは古代の日本人の信仰とその後の事情に由来する。古代の日本人は、かつて本居宣長が「尋常ならずすぐれたる徳のありてかしこきものをかみというなり（古事記伝）。」としたように、神秘で畏敬の念を抱かせる存在を広く神として信仰の対象にしていた。

　神社を称して氏神ということも多い。氏神が意味するところは、① 文字どおり氏の祖先として祭る神、② 祖先でなくても氏に由緒ある神、③ 居住地の鎮守の神、を含むが、氏神というときは ③の鎮守の神を指すのが近世以降では一般的になっている。集落にその地を守護する鎮守神をまつる風習が普及し、明治初期には、全国に神社の数は、旧村落の大字村の数18万に近かったといわれている。

　このように神社は、基本的には、氏族や地域集団といった一定の社会集団によって祭られてきたが、神社の個性や祭神の神徳が強調されその土地や血縁関係を離れて伝播し、広く参詣者を集め、神社によっては各地に分社が勧請されていく一面を有している。

　伊勢神宮は、古くは国家的なものに限られていたが、戦国末期から伊勢の大神が各地に飛び移るという信仰によって、各地に神明社が建設された。現在、神明社は全国に1万8千社あるといわれている。また、宇佐八幡宮に

発祥するとされる八幡神は武術の神として源氏一族をはじめ武人に広く崇拝されるところとなった。現在八幡宮は全国に2万5千社あるといわれている。

　また、京都の伏見稲荷大社を総本社とする稲荷神社に祭られる稲荷大神は古くは農業の神として広く信仰されていたがやがて殖産興業神、商業神、屋敷神などへと機能が拡大され、農民層のみならず、商工業者、武士層へと浸透して行き、現在全国に3万2千社あり、全国で最も多く祭られているといわれている。

　菅原道真を祭る天満社は、道真の太宰府での没後、その怨霊の活動（祟り）が語られ、それを治めるために京都北野天満宮に道真が祭られたことに始まる。この信仰は室町時代に全盛となり、文学詩歌などの神としても崇められ、広く天神講が普及した。現在1万500社ある。

　その他の信仰には**山岳信仰**としてたとえば富士山、木曽御岳山など霊峰を信仰の対象とし、さらに霊峰での修行を重視する講・集団、教祖の個人的な宗教体験およびそれに基づく教えをもとに結成された宗派などがある。

独自の宗教観を創造した鎌倉仏教

　次に日本の宗教界を神道とともに二分する勢力である仏教であるが、日本の仏教はインドから中国、朝鮮半島を経て583年ごろに伝来した。754年に唐から鑑真が来朝し、律宗が伝えられた。

　最澄、空海が開いた天台宗、真言宗は現在もなお多くの信者を擁している。これらの宗教思想は概して穏健であり、ひたすら人々を幸せにする道を説き、世界の宗教にあって、他宗に対して幅広い許容度を有している。

　鎌倉時代には法然の浄土宗、親鸞の浄土真宗、日蓮の日蓮宗など、日本人自身による独自の仏教が創唱された。また、この時代に栄西と道元により臨済宗と曹洞宗が伝えられた。

　私が注目するのは12世紀前後に日本で生まれた**鎌倉仏教の独創性**である。これはおそらく日本にだけしかない宗教哲学であろうといわれている。

　釈尊（ゴーダマ・ブッダ）がなくなった後、まず生前に釈尊から直接教えを受けた人々が聴聞記を記録した。その後、多くの人が参加してそれらを基に

した膨大な解釈文献が作成された。これらを「**お経**」という。インドから中国に渡り、中国人の思考が加わって、お経ははじめのものを含めてその数は実に6千本に及んだ。そうした膨大な経典の中にあって、鎌倉時代に輩出した法然、親鸞、日蓮等は、観無量寿経、阿弥陀経、法華経、浄土教典など他力本願を旨とする大乗仏教中、今から考えると日本人の気質にぴったりあった経典を探し出し、これに、日本人独特の思考を巡らせて「念仏」による仏（ほとけ）への帰依など独創的な新しい宗教の境地を作り上げていった。

　法然は観無量寿経にある「三心」を強調する。衆生（一般の人々）が死後極楽浄土に生まれたいのなら、真実の心、深く信じる心、成しとげた善行すべてを振り向けて往生を願う心、という三つの心を持たなければならないとし、その表現としてひたすら「念仏」を口で唱えることこそが行の中心であるとした。そして、親鸞は、念仏すら衆生が自らの意志で行なうのではなく阿弥陀仏という広大な力から催されるものであるという絶対他力（何も疑わずひたすら信じて念仏し、仏の思し召しのままに身をすべて委ねればよい。それこそが信仰なのだ。）の思想に昇華させていく。

　また、道元等は座禅を修行の中心に据えた。座禅は、落ち着いた姿勢で呼吸を統制し、精神を統一して瞑想・静観する行いである。道元は、修行を行なうことそのものが証悟（さとり）であり、証悟は修行のほかにありえないとした。

　鎌倉時代の新仏教は、たとえば、欧州で起こった宗教と政治との混濁による混乱現象を巧みに回避しており、ひたすら庶民というか個々人の、解脱、安寧、心の平安を目指す、平和志向の宗教であった。

日本人の宗教心に迫る

　宗教に関する全国世論調査（1995年日本世論調査会）によると、我が国では「宗教を熱心に信仰している」と答えた人は全体のわずか9％であり、これとは対照的に「信仰したことはない」との回答は54％に達し、年齢別には20歳台の80％が「信仰とは無縁」と回答している。

　一方、宗教活動とは離れて「神や仏の存在を信じるか」との問いに対しては19．4％が「信じる」と回答し、「ある程度信じる」が39．5％となって

おり両方を併せると59%と約6割が肯定的な答えをしている。

　この2つの統計結果のへだたりは何を意味するのだろうか。

　人生において何かが必要であると感じているものの、宗教・宗派などといった団体に拘束をされることをあまり好まず、自由に、自在に、宗教の持つ倫理性、死についてなどを考えたいという意向がそこから汲み取れる。日本人の至高なものへのごく自然な接し方が態度として現れている、と見ることができると私は考える。

ルーマニアにおける個人的体験

　ここで私のルーマニアにおける体験を記しておきたい。

　30年にわたるチャウシェスク・共産主義体制下では宗教は厳しく禁じられていた。しかし、1990年以降、共産主義政権が倒れると瞬く間に民衆の間で自発的にキリスト教（ギリシャ正教）の熱心な信仰が甦った。私が在住したのはその6年後のことであったが、そのとき私の心を最も強く打ったのはルーマニアの人々の神に帰依する純粋な、まことに強い信仰心であった。家々を実際に訪ねると、どの家も家全体がシーンとした清純な宗教的雰囲気に包まれている。話題も牧師さんの説教の内容などが非常に多い。多くの家には信仰のためのキリスト像やマリア像はもとより地域の牧師様の大きな肖像画が飾ってある。教会に行くと壁や空間にむかって懺悔をしたり、個別に説教を受けたりする人の姿が何処でも非常に多く目に入る。その姿がいかに真剣なのかは一見してわかる。牧師さんは家々を実にこまめに訪問し、家庭での悩みや家族の状況などについて親身に聞き入り、場合によっては子弟の就職の相談や徳育そのものを時間を惜しまずに引き受ける。そこに損得などが介入する余地はなく、ひたすら神との関係からの行動である。こうなると人びとにとって教会は地域の政府機関等よりもはるかに身近な存在になる。

　イエス・キリストは人間の罪を一身に背負って磔（はりつけ）になった。足先に打ちこまれる釘の痛さ、下腹を突く槍の痛さを信者は自分の痛みとして実感し、自分の原罪に置き換えて考える。信者がそれらを起点に置けば人生における生き方も当然に変わってくる。

第十四章　平和な宗教　　139

第十五章　世界で孤立する言語 日本語

世界の言語の種類は実に約4千語

　地球上には約3千の民族と約4千前後の言語が存在するといわれる。人間集団にあって、言語を同じくすることから生まれる絆には根強いものがある。

　現在、世界諸民族の日常語として使用されている言語別人口は、中国語が13億人で断然多く、第2位が英語で約4億人、次いでヒンズー語、スペイン語がそれぞれ3億人、アラビア語2億人であり、日本語は第9位で1．3億人、ドイツ語が第10位で1億人、フランス語が第12位で7千万人である。

　また英語、ロシア語、スペイン語、フランス語などアルファベット使用言語の使用者は18億人を超える。この数は多いといえるが、他面アルファベットとは無縁の人が50億人以上はいるわけであるから、この程度かともいえる。

　ニューヨーク・タイムズ紙編集の1998年版年鑑（オールマナック）は世界の3分の1の人々が英語を喋れるとの推計を掲載している。

　世界帝国を築いた古代ローマでは一般に商業活動は**ギリシャ語**で行われていていたという。日常使われていた言葉とは異なった国際共通語ともいえるものが機能していたことになる。

　現在、英語は国際政治や学界でも標準語として使用されており厳然たる世界語ということができ、英語は、かつてのローマ帝国におけるギリシャ語のような役割を果たしつつある。

　ここにきて、英語が国際語として頭ひとつ抜け出し、インターネットの交流言語が英語であることに加速されて、最近、世界において仏語圏、独語圏、スペイン語圏の人々も進んで英語を使って会話をするようになった。多くの種類の外国語の狭間のなかで言語の壁に苦しんできた日本人にとっ

て国際交流を高める意味で明らかに順風であり、好ましい傾向と言える。

英語の持つ強さ

　英語の源はゲルマン語であり、北海にのぞむ北ドイツの海岸地方で話された言語が起源である。5世紀の民族大移動の際に現在の英国に渡ったサクソン人などが先住民を駆逐してもたらし、紀元後7百年から英語で書かれた文献が現れている。1066年のノルマン人による征服後はフランス語が上級階級の使用語だったが、チョーサーなどの14世紀の文献は古語の英語で書かれている。ノルマン人はその後イギリス人に同化していき、すべての階層で英語が日常語になった。ちなみに英語は男性、女性、中性という性による語尾変化のない数少ない欧州語である。

　米国は英語の**国際語としての優位性**を生かして世界中から優秀な人材を集めている。黙っていても米国が発展する仕組みができあがっているのである。たしかに、「英語―ドル―ペンタゴン（軍事力）―米国文化」は世界中のあちこちで目につく。米国人にとっては自国通貨はどこでも使えるし、米国のパスポートはほとんどの国で通用する。しかし、それにも増して自国の言語が世界中で通用するという文化的、経済的、政治的、社会的価値は甚大であり、およそ金銭で見積もることが不可能なほど天文学的な生産価値を有しているといえる。言葉を支配するものは強い。

　いきおい米国以外でも英語を話す社会は国際競争の舞台において優位に立っている。イスラエルやインドなどの科学者や技術者が世界中から求められているのはその優れた思考力のほかに英語を自由に話せる面が寄与していることは否定できない。ＥＵ諸国の中でアイルランドやオランダなどの経済成長が高かったのは英語を話す労働者の存在が外国投資の呼び水になっていることも効いている。英語の優位性は明らかだ。

　香港やフィリピンなどで英語を話す人には大きな能力が認められ、雇用市場において給与水準が他と比べて高いようである。スイス、オランダ、北欧諸国では英語は第二外国語として日常語になっている。バイリンガル（母国語のほかにもう一つ違った言葉を自由に操れる）社会になることは新しい文化と繁栄への道を開く機会を与えている。

第十五章　世界で孤立する言語日本語　　141

都市別国際会議開催件数という統計がある。これは主催者が国際機関等または国家機関等で、参加者数50人以上、定期的に開催され3カ国以上で会議持ち回り制があるもの、という定義による大型の国際会議の開催実績を世界の都市別に並べたものである。それによると2013年において、パリが204件、マドリッド186件、ウィーン182件、バロセロナ178件、シンガポール175件、ロンドン166件の順であり、我が国では東京が79件で26位に位置している（国際会議協会（ＩＣＣＡ）2013年統計）。パリは欧州大陸の中心近くに位置して集まりやすい上に英語が通用する。マドリッド、ウィーン以下の有力都市もいずれも英語の使用という面で大きな問題はない。シンガポールはアジア有数の英語国である。

　国際会議はコミュニケーションの場でありその手段である言葉の持つ意味は重いようである。国際会議を準備したことのある人であれば誰でもが我が国における英語資源の層の薄さに絶句した経験があるのではないだろうか。

日本語の起源は謎に包まれている

　今日、世界の4千種類の言語について音韻や文法構造の異同をコンピュータ等で比較、分析し、言語系統別に分類し、日本語の起源を探る作業が続けられている。

　現在までの言語学界の研究成果によると日本語は一つの語族に属するというよりも、語族の間の融合によりながらもそこにかなりの独自性があるとされている。他方、明治以来、日本語と朝鮮語、アルタイ語との同系説が強く唱えられたことがあったがその親族関係は未だに立証されるに至っていない。最有力とされるアルタイ語源説は、日本語の起源を遠く中央アジアのウラル・アルタイ山脈周辺に位置するアルタイ語の一種である**ツングース語**に求めている。たとえば、言語学者ロイ・アンドリュー・ミラーは「私はご飯を食べます」のように主語、目的語、動詞の順番で語られる構文上の特異性に着目している。

　他方、日本語には語彙の点ではフィリピン、インドネシア等の東南アジ

アの島々のオーストロネシア語源の言葉が多数入り込んでいる。接頭語などもそうだ。南島語族や南アジア諸言語の単語の断片的な類似性がよく話題になるわけだが、しかしそれだけではその系列に属するという証拠にはならないようである。

したがって、日本語はツングース語と東南アジア系の混合から生まれたとみられているわけだが、「混合」といった形で単に混じり合ったものというよりは一段と独自性の強いものであるとされている。そこで、言語学者の間では、むしろ日本語という言葉はどの基本語系列にも属さない独特のものとしてとらえる方が自然ではないかとの説が根強いようである。

それほど日本語の成立はコンピュータによる膨大な言語分析が可能となった今日においても謎に包まれている。このように、日本語は言語系統図からいうと、世界の言語の中で明確な形では親族関係を持たない孤立した言語である。

日本語は固有の文字を持ち、膨大の文献を残し、高い文化を作り上げた。

分布地域が狭いが使用者の人口、言語文化の高さなどの面では重要な言語に位置づけられている。世界的に見て英語、ロシア語、中国語、フランス語、ドイツ語、スペイン語、アラビア語などと並ぶ言語とされている。

しかし、日本語は他国語人にとっては難解である。文法構造が他の外国語と互換性がない。たとえば韓国語、中国語と比較しても、大きな違いが存在する。外国人にとって日本語の習得は努力の割合には国際社会において得るものが比較的少ないのである。市場が小さいといえる。それだけに海外において今後日本語の習得者を増やし世界において日本語による意思疎通の輪を広げていくことは容易ではないと思われる。

ここで、私自身の経験から、日本語に他の言語にない**大きな長所**が備わっていることを指摘しておきたい。それは、日本語の際だった特徴として漢字とかなが混じり合った文体であり、かつ、漢字に主たる意味が込められているので、漢字が表意文字であるだけに文章に散りばめられた漢字だけを一瞬のうちに眺めるとそのページの大体の内容を予想でき、それが読者にとって重要であれば精読するし、重要でなければ飛ばし読みができる、という点である。表音文字だけから成り立っているアルファベット言語の英語、フランス語などではそうはいかない。文章をかなり丹念に読み込ま

第十五章 世界で孤立する言語日本語　　143

ないと読み進めることはできず、一瞬の内にそのページの概要を理解することはできない。特定の単語を拾い読みすることによりある程度の速読は可能だが、日本語ほどには羅列された言葉の間に重要度の差異が浮き彫りにされる仕組みにはなっていないのである。また、中国語は漢字だけで成り立っており日本語ほどには一瞬の理解には適していない。

つまり、日本語は速読に非常に適した言語であり、膨大な書物を素早く読みこなすにはこれほど適した言語はないのではないかと思う。

私はこの日本語の特異性が大量の文献を短時間で頭に入れることを可能にし、日本人の情報修得、知性を磨くのに役立ったのではないかと考える。それが日本の強さにつながったと。

後れをとる日本人の英語によるコミュニケーション力

それにしても、日本語が孤立した特異な言語だけに、日本人が外国語を習得するには大きなハンディキャップがあることは否定できない。他の言語国の人たちよりも多くのエネルギーを割いて他国語に立ち向かわなければならない宿命にあるのだ。

一つの計数を紹介しておきたい。これはある意味で我が国にとって深刻な事態を示唆している。

毎年、英語を母国語にしない人向けに英語の世界統一試験ＴＯＥＦＬが実施されている。世界中から毎年膨大な人が受験する、ヒヤリングをはじめ生きた英語の総合能力を測る試験である。2009年の結果を見ると日本はアジア地区でラオスに次いで最下位から2番目だった。1位はシンガポール、そしてインド、マレーシアの順である。

また、世界全体での統計が発表されていた1997年の結果は参加国165ヵ国中、日本は150位であり、1999年の結果は182カ国のうち第162位であり、まさに最下位グループを彷徨っている。

直近の計数(2013年)をとる意味でもう一つの国際テストであるＴＯＥＩＣの国別受験者の平均スコアでみると48か国中40位という状態であった（インターネットにおける「マイナビニュース」2014・7・17）。

来る年も来る年も我が国は毎年、最下位近くに位置するのが恒例になっ

144　第十五章　世界で孤立する言語日本語

ている。日本より下の国はわずかしかないという状況である。ここまで徹底した結果が毎年出てくると努力不足等では片付けられない何かを感じざるをえない。

それは日本人が外国語習得に不熱心であることを意味しないのだ。いや、むしろ労力から言えば日本人は桁外れに膨大な時間を語学習得に割いてように見受けられる。大変な努力家なのである。

私には、日本語の言語としての構造がアルファベット語である英語とは世界で最もかけ離れた存在の一つであり、両者に共通性が少なく語学習得に必須とされるいわゆる連想する力が働かない、という根本原因が横たわっているように思われてならない。日本人は英語の習得となると世界のなかでも物理的に最も不利な語族に属していると考えられる。

ある逸話

日本人にとって外国語習得の困難さは語り尽くすことができないほどの代物である。

私の在職した職場には面白い逸話が残されている。ある人が準備万端、勇躍海外での会議に臨んだ。大勢の人を前にしてひょんなことから突然オットセイについて説明しなければならない立場に立たされた。当然にオットセイは英語だろうと考えてオットセイ、オットセーイと連発してみたが一向に通じる気配がない。発音が悪いのかと思い囁くように低い声で言ってみたがこれも駄目。そうかイントネーションが間違っているのかとばかりに**オット**セイ、オット**セーイ**とやってみたがあたりは眉間を縦縞にした気の毒そうな顔ばかり。ついに意を決して床にうつ伏せになって両手を逆さに挙げて羽ばたいてみせたがこれも駄目。最後の手段とばかりに黒板に駆け寄り大きく絵を描いてみせたところやっと反応があった。列席者の一人が大声で「分かったぞ！鳩（はと。ｄｏｖｅ）だ。」。大粒の汗をかいての大立ち回りは空しい結果に終わったという。実はオットセイはアイヌ語に由来するれっきとした日本語だったのである。英語ではｓｅａｌというそうだ。

言語体系が根本的に異なっているせいか、英語等について日本人は一度一定の水準に達しても日常これを使い続けないと直ぐにもとの水準に戻っ

てしまうことが多いようである。外国から帰り、すばらしい英語を話していた人が数年後に外人との昼食に招待されたところ別人のようになっていたなどという事例を見聞する機会は多い。

私自身の経験から言うと、ルーマニア滞在中はルーマニア人と毎日英語で会話しており、すっかり英語に慣れた時期が間違いなくあった。しかし帰国して英語を全く使わない時期が半年も続くと、ものの見事に元に戻ってしまう厳しい現実が待っていた。要するに言語は反射神経の回路そのものであり、使わなければその回路は程なく閉鎖されてしまうのである。

幼児の段階での英語教育が高い効果を上げている例などが紹介されているが、これも同じで、幼児は覚えるのは確かに早いが、新環境への適用力が高いだけに忘れるも大人よりはるかに早い。

他方、一度手に入れたからには失うまいとして語学水準の維持のために莫大なエネルギーを投下し続け、他の、より意義のあることがなおざりになるという弊害も無視できない。

バイリンガル社会への展望

多角的国際交渉がますます重要になりつつある今日、創造力、構想力、表現力、発言力、説得力、これらすべて包含する言葉の力、すなわち言語力の役割が国力の中でますます大きくなるように見受けられる。その言語力は日本の国力の各分野中で際立って弱い部分である。

最近、国際社会のなかで**東京の孤立化**、日本の孤立化が音をたてて進行しているように見受けられる。というのは、外国の企業や金融機関、特派員事務所などが日本における拠点をシンガポール、香港、上海などに移しかえる事例が次々と出てきているからである。東京に踏みとどまっている外国企業にとって東京での活動は容易ではないようだ。移転の理由として「ここでは外国語が通じない。」、「英語で仕事を済ませることがほとんどできない希有な国である。」、「外国語がしゃべれる人材が少なすぎる。」「公文書は日本語でしか用意されていない。国際語である英文での報告書は受け取ってもらえない。」などを挙げる例が目につく。それがさらに進むと「日本の制度は複雑すぎる！」「日本独特の仕組みが数多く残されており国際的

146　第十五章　世界で孤立する言語日本語

に通用しない！」といった日本そのものへのいわれなき批判にまで簡単に発展してしまう。

　限られた人々に外国語での交流の接点を任せておけば済む時代は終わろうとしている。「点」の時代でも「線」の時代でもなく、いまや一般の人々の広範な「面」という次元で国際的な情報交換や交渉が直接に行われる時代に入りつつある。

　英語は「学ぶ」こともももちろん大切だが、それに劣らず「慣れる」という状態を作り出し、かつそれを継続していくことが重要である。**思考回路**を一時的に日本語ではなく英語にしてしまうのである。それには「遭遇型」から「日常型」に切り換えなければならない。例えばものの数え方も4桁（万、億など）ではなく3桁区切りで考える。金額は円で考えるのではなくドルだけで理解する。年号を元号（令和何年、昭和何年）ではなくストレートに西暦で考える。その辺はほんの出発点なのかもしれない。

　やはり日本語という介在物を通さないでそのまま理解する思考経路を作っておかなければ仕事で使える英語にはとてもならない。そうなると、例えば、既に日本の一部で試験的に導入されているように学校の先生や生徒も、一般の授業をすべて英語だけで行うとか、会社の会議や交渉、書類作成などは英語だけで行うなど、英語のみで意思疎通が完結できるようにしていく仕組みを作り出していく必要がありそうである。日本語の思考体系と英語の思考体系はそもそもまるで違うのである。その都度頭の中で翻訳して応対しているのではとても間に合わないし役に立たない。「英語だけで完結する時間を持つ」、それは言うはやさしいが他方で日本語や日本語の文化を修得する時間が大幅に削られることを意味し、その失うものも巨大である。そこでまずは部分的に試行していくべきだろう。

　もし仮に画期的な「英語に慣れる方法」が姿を現したら、日本人は、文化や経済・政治分野などでの大きな貢献により、21世紀を再び「日本が強い存在感を示す世紀」にすることができるかもしれない。

第十五章　世界で孤立する言語日本語　　147

第十六章 すべての営みの原点 市場

世界における市場

　まず、代表的な市場である**為替市場**についてみていきたい。そこでは世界中で発行されている通貨のおびただしい数の交換が行われている。以下は年間の数字ではなく、たった一日における取引額であるが、我が国の為替市場の一日平均出来高は3，700億ドル。英国の2・7兆ドル、米国の1・3兆ドル、シンガポールの3，800億ドルに次いで世界第4位の規模であり（バーゼル銀行監督委員会（ＢＩＳ）統計2012年）、ロンドン、ニューヨークなどとともに世界国際金融センターの一角を担っている。

　次に主要国の**株式市場**についていえば、取引所別時価総額（2015年6月現在。円換算額）をみると、ニューヨークが2，352兆円、米国ナスダック885兆円、東京が579兆円、香港460兆円、ロンドン435兆円の順になっている（木本書店「世界統計白書」2015〜16年版）。

　東京市場が世界の主要市場の一角を占めるのは、その巨大な取引量そのもの、およびその背後にある金融力、経済力が世界経済の動向に影響を与えるだけの実態を備えているからに他ならない。

　アジアにおいてもシンガポール市場や香港市場などの市場が林立するが、為替市場、株式市場に加えて、巨大な実体経済を背後に持つ金融市場、債券市場の存在ということになるとアジア経済全体で大きな比重をもつ東京の存在は抜きん出たものがある。

　そしてこの為替、株式・金融市場の日々の動向を通じて、日本人の市場に対する見方は世界の動きに確実に織り込まれていく。つまり、外から大きな影響を受けるとともに外に向かって情報を発信しているのである。

市場人間が創造した最も巧緻なメカニズム

　人間が作った最も複雑かつ精巧な仕組みが市場メカニズム（市場機構）であると言われている。

市場と経済とは非常に密接な関係にある。

　そもそも経済とは何かといえば、それは人々の暮らしのことである。人々の暮らしを支えるために企業や国家の活動がある。人々は毎日多くの物やサービスを生産し、使い、利用し、多くの人々と接点を持ちながら暮らしている。人々の暮らしは複雑な仕組みを通じて営まれているが、そのような仕組みの中核に位置するのが「市場」なのである。

　見方を変えて言えば、この社会では無数の人々が網の目のように複雑に入り組んだ**分業**の下でそれぞれ特定の商品・サービスを生産しそれをお互いに流通させ交換して生活を営んでいる。しかし生産や消費はあらかじめその社会の生産全体のバランスやその発展の速度について綿密な計画を仕立て、それに基づいて明確に定められた各自の分担にしたがって組織的に行われているわけではない。各生産者はどのような商品をどのような量で生産しても自由であることが建前になっている。消費もまた然り。

　このような無計画な生産・消費、つまり無政府状態の生産・消費を各主体がそれぞれ自由に行ったとすると常に大幅に過剰にまたは過少に生産、ないし消費され、全体として釣り合いがとれないだろうことは想像に難くない。そんな困難さを解消するのに大きな役割を果たしているのが市場における「**価格**」である。

　価格動向を見ながら生産すると在庫として売れ残る量、あるいは需要が多すぎて品揃えできない量の割合は少なくなり均衡へと近づく。「価格」が導き手となり物やサービスの需給は過不足のより少ない状態に近く。それでも過不足は生ずるがそれは在庫量の増減で調整され、その在庫の状態がこれからの価格形成に影響を及ぼし将来へ向かっての需給の調整が始まる。その繰り返しが市場経済というものである。

　価格の役割を十全に果たさせるには貨幣、すなわち**マネーの存在**が欠かせない。貨幣は、売りと買いをバラバラに行えるように小包にして買い手から売り手へと転送するための情報媒体のようなものである。また予想と現実のズレを吸収する緩衝装置でもある。貨幣は商品売買の場である市場の形成者なのである。貨幣による市場はインターネットと同じく中心のないネットワーク（網のつながり）である。

「代金」を貨幣として受け取るのは次に誰かがそれ（貨幣）を受け取ってく

れると予想ないし確信するからである。そして同じ予想の連鎖が継続していけばこの「何か」は権威を持って流通し、その結果として貨幣というものが成り立つ。それ以外の何者でもない。

　経済を最大にするには資源の希少性と費用とを十分に考慮したメカニズムによって資源が配分される必要がある。市場を通ずる均衡は**資源の最適配分への近道**となる。

　そして、市場に任せておけば新規参入が起こり、長期的に見て消費者の利益になるように導いてくれる。市場価格は市場に多くの需要者、供給者が存在する競争市場で成立する場合には一定の客観性を獲得する。生産者が供給しようとする財の総量が需要しようとする総量に合致するように取引が定まり外的条件の変化がない限りその状況が維持されるというのが市場均衡の基本的な思想である。

　今日、生産・流通・消費の財市場、労働市場、金融市場など各市場が並び立つがその中で巨大な存在になりつつあるのが金融市場である。世界は二つに分けられた。ひとつは実体経済であり、もう一つが**金融経済**である。そして金融経済に投資が集中した。今日、金融経済は実体経済よりはるかに大きい。金融市場では将来の見通しが重要な要素をなす。それだけに一面投機的な色彩を帯びる。投機とは現在ではもっぱら悪い意味で使われているが、かつては「スペキュレイト」とは将来の見通しについて熟考する、というのが語義であった。こうして市場社会では金融市場・財市場、労働市場における価格メカニズムによって経済が調整され、発展していく。

市場需給の調整の場所

　市場の原始的な意味は、多くの人が一堂に会し財を売り買いする場所というものである。青物市場や魚市場を想像してもらえば分かりやすい。その場所では需要と供給が出合い、財の価格、売買される量をめぐって需給の間の競争を含む相互作用が演じられる。

　今日では市場とは必ずしも物理的な場所であることに固執した概念ではない。売り手と買い手が一堂に会することもなく、売買が成立する場所が

特定されていない抽象的概念としての市場が広まった。参加者が端末で結ばれたコンピュータ・オークション空間などである。

　市場経済を支える本質的な要素は「**自由**」である。安易に政府の介入を許さないと言う意味での自由とでもいいかえることができる。

　市場原理が機能するためには基本的には供給が需要を上回る状況が必要である。供給者が「ない！」と言えばものは手に入らない。戦争時のように物不足の時には市場は機能しない。選択の自由がないわけであり、市場は機能しない。安易に計画経済への志向を強めてしまう。

　今日、市場は網の目のように日常生活の隅々まで浸透している。それは市場がもっぱら利潤獲得競争によって動かされ、それ自体が拡大志向を持っている。その動機が新しい技術、新しい消費領域を開拓し市場のフロンティアを拡大していく。いわば市場の内発的拡大ともいうべきものである。しかも市場は拡大した状態を常態化、日常化してしまい、一度拡大したものは元に戻すのが難しくなる。

変貌限りない今日の諸市場の実態

　今日の外為市場、株式市場、債券市場、金融市場、商品市場、先物・オプション市場といった代表的な市場に共通する特徴を描写すると次のどおりである。その変貌ぶりには驚かされる。

　まず、従来、取引といえば現物（現にある物）の売り買いが主体だったが、今日ではそれに勝るとも劣らず、**先物取引**（将来の物などを現時点で売り買いする。）が行われている。たとえば先物取引、デリバティブ取引、オプション取引などが大変盛んになってきた。

　そのなかで、機関投資家などは数字自体を取引する指数物（たとえば東証株価指数先物など）にかなり比重を掛けている。それらは差金決済といって根元からの資金代金を用意する必要はなく値動きの差分だけで決済を終えるので取引が早い。

　また、出来高、ないし取引額、取引量ともに**巨大化**している。一日に動くマネーの総額は飛躍的に大きくなった。それは実体経済に比べてもかけ

第十六章 すべての営みの原点 市場　　151

離れて大きい。とくに金融関係の市場ではもはや人間が支えられるかどうかという水準にまで達する規模になっている。

ホットマネー（投機的に激しく動く短期資金）が飛び交い、たとえば外国為替では1日で対ドルで2円（約2％）という変動幅が実現することがある。その意味は、わずか1日で我が国の総資産が対外表示で根っこから2％（たとえばGDPでいえば年率で10兆円に相当する）変動することがあるわけであり、市場の世界では「こともなげに」大変なことが起きている。株式市場でも東京証券取引所日経平均でみるとたとえば東日本大震災後の3月15日は1日で1015円暴落し前日比10．5％の下げ幅を記録した。1日で実に34兆円の資産がこの国から消失したことになる。逆に今日（たとえば2019年1月）の株価は2万円近辺であり、7年前である2012年1月の8，800円に対して2・3倍になっている。国全体の上場株式の時価総額そのものが大きく変動しているのである。市場は長期膠着状態のときもあれば一気に上昇ないし下落に転ずることもあり全く変幻自在である。

短期的に瞬時の判断が求められるようになり1日のうちに激しく何回も売り買いが繰り返される。我が国の株式市場では1秒間に千回以上の売買が試みられるいわゆる**高速取引**が売買注文の実に4割を占めている。これがある特定の日の結果なのではなく年平均の計数なのだから驚きである。

ディーラーにとって長期的展望を持つことはむろん必要なのだが、その長期的展望そのものが**短期間**のうちに変っていく。あるときは国の財政は危ないことはないと見られていたが、一週間もすれば突如長期的な悲観論に変わる。そしてそれもまた変わる。

市場は明らかに微分（将来に向けての長・短期における変化率）の世界で展開されている。**変化率**（状況そのものよりも状況の今後の変化の見通し）が重視される。市場の参加者は人よりも早く行動することによって利益を得ようとするため、そうした人々にとって変化率が何よりも大切であり、早く結論を出してそれに賭けることになる。変化率の期待値が高まると特に変わったこともないのに小さなニュースでも材料視され、市場が大きく動くことがある。人々もそれに反応する。

我が国の証券市場は、最近、**外人投資家**の売買シェアは毎日大体5割以上であり、日によっては7割を超えることがある。つまり外国人投資家の影響

をまともに受ける状況にある。というよりもむしろ東京市場はもはや無国籍の市場であると考えた方が理解しやすい。その意味するところは日本経済に対する外の見方なり、評価が大きく影響する時代になっているということである。また、日経平均といえどももはや円でみるよりもドル換算してその動向を見る方が理解しやすい日も多くなっている。

　個人投資家の影が徐々に薄くなっている。個人の金融資産をまとめて運用する年金、基金、信託勘定、ファンド等の**機関投資家**が着実に市場における発言力を増している。

　市場関係者が会社訪問や工場見学を行い実態把握に努めるというかつては常識だった慣行も今ではあまり見られなくなった。人々は経理計数の巨大な**数字空間**・抽象的な空間のなかでせわしく動いている。

　値動きにおいて**国際的な連動**が非常に強まっている。グローバル時代において当然といえば当然といえるのだが、たとえば米国の新規雇用者数の動きなどが圧倒的な影響力を発揮している。すなわち東京市場がニューヨーク市場での動きを鏡のようにそのまま映すような値動きを示す場合（ミラー（鏡）市場）もある。世界において市場は大きなところが支配する。大きいところは他国市場のエネルギーを取り込む渦巻きの目のようになっているのだ。こうなると市場参加者にとって国際感覚や国際政治における地政学的な理解などを深めることなどが必須の要件になりつつある。

　ブローカー、ディーラーが**若年化**しているのも大きな特徴の一つである。時間の流れに応じて市場が大きく変化するのでそれに応じて激しくかつ迅速に反応し売り買いし収益を挙げる、ないし損失をくい止めるためには瞬時でも切らさない長時間にわたる緊張と反応力、判断力が求められる。そして、そこでは若年層に共通するゲーム感覚が働く。

　コンピュータ・モデルを予め組んでおいて対応する場合が増えている。モデルに組み込んで自動的に対応するのは**システム売買**と呼ばれている。たとえば大幅下落の時に備えてこれへの反動として三割の戻りをとりあえずコンピュータシステムにセットしておくという考え方である。これは「見込み売買操作」といわれ、今日ではディーラーの間で恒常化している。こうなると市場は人対人ではなく、コンピュータ同士の激突ということになる。

第十六章　すべての営みの原点　市場　　　153

人工頭脳（ＡＩ）がすでに将棋や囲碁で名人や本因坊に迫る実力を付けていることから明らかなように、市場動向の瞬時の把握ではもはや人間は人工頭脳にかなわなくなりつつある。漸次ビッグデータの瞬時の分析などにおいて**ＡＩ的な対応**が求められるようになっている。

　市場に則した**ファンド**、たとえばヘッジファンドなど空売りを得意とし身軽で投機性を売り物にしたファンドが市場で大活躍するようになった。市場は往々にしてこれらのファンドの世界戦略に大きく影響される。

　現在では市場関係者一人一人がコンピュータ画面をじっと見つめながら**孤独に対応**する時間が長くなり、人と人との連携がすっかり薄れてしまった。生身の人間同士が議論するというより、一定のポジションをまかされて自分の目の前に置く数台のテレビ画面をみながら判断するのが日常の仕事になっている。そこでは24時間放映される市況番組及びその折り折りの出演者の解説ぶりなどが市場参加者にかなり大きな影響力を持つことは否定できない。

　最後に、**コモダタイゼーション**（あらゆる現象が商品に仕立てられ取引の対象になる。）の流れに乗って取引の対象が一気に広がった。これまで価格を付けるのが不可能にみえるようなものまで市場での売買対象商品として取り込まれるようになった。

　たとえばＣＤＳのように、社債発行会社が倒産する確率そのものが取引の対象になるし、天候オプション取引のように猛暑になるのか冷夏になるのかといった来夏の気候の程度（それによって商売が大きく影響を受ける。）を取引の対象とするものまである。

第十七章　金融資産
世界一の対外金融純資産額

貨幣という魔法遣い

　金融というものは貨幣の存在を前提にしたものなので、まず，貨幣について触れておきたい。

　人間にとって、貨幣、すなわちマネーという仕組みの案出はまさに人類の歴史上画期的な発見であった。それまでは物々交換でしか方法がなく、売りたいというまさにその商品（たとえばこの毛皮）を、今まさにそれを欲しいという人を個別に見つけ出さないと取引が成立しなかった。捜し当てることのできる確率は売り手・買い手ともに極めて低い。つまり取引が成立する機会は極めて少ない。しかし、貨幣が出現すると今日のように貨幣を使えばどのような商品とも交換できるようになり、交易の輪が飛躍的に広がった。

　貨幣は、① この商品は1万円であるといった価値の尺度としての機能、② どの商品とでも交換できる手段（これを一般的交換手段という。）としての機能、③ とりあえず貨幣として持っておく、といった一定の価値を一時的に貯蔵する機能、という3つの役割を有している。第3番目の役割について経済学者ミルトン・フリードマンは「貨幣は購買力の一時的住処（すみか）である」、と表現している。貨幣がもつこの3つの機能によって人々の間で取引機会が無数に生じるようになり経済が発展し生活は豊かになった。

「信頼」を体現するものそれが金融

　金融とは、これら貨幣の持つ特徴を活用して、貨幣の集合体の貸借、すなわち人々の間での貨幣集合体の貸し借りを行なうことをいう。資金の融通ともいう。

　仮に借金を全くしないとすれば人々（ないし企業）は自分の稼ぎの範囲内でしか商品・サービスを買うことができない。しかし、貨幣を他人から借り

られれば自分の稼ぎ以上の生活ができる。借金をして家を買い、借金して
自動車が買える。その借金は後日、自分の稼いだ所得で返済する。つまり、
金融とは、見方を変えていえば今はできないことを、今実現できてしまう、
言ってみれば「**時間を買うこと**」を意味している。難しい言葉で言うと、金
融とは「現在財と将来財とを交換すること」なのである。金融は、現在と
不確実な将来との架け橋の役割を果たすわけである。

　貸すということは贈与とは明確に異なる。その貨幣額が一定期間後には
借り主から返済される（すなわち元本の償還）ものであり、一定の利子を添えて
返還されることが約束されている。

　この金融の仕組みを使って、人類は急速に生活を豊かにしていった。

　金融に問題があるとすれば、借り手が必ずしも約束どおりに返済しない
可能性があるということである。その場合は「貸倒れ」となり貸し手は損
を被る。その金額次第では金融という事業が成り立たなくなる。そこで、そ
のようなことがないよう（ないし、そのようなことが起こる確率を極力低くするよう）
貸し手と借り手との間で「借りたものは返す」という固い信頼関係が存在
していなければならない。そういうことから金融という事業は、突き詰め
ればお互いの「**信用**」を基にしたものであり、また冷めた言葉で言えば「貸
倒れが起こる確率をどう制御していくか」という確率の分野の事業なので
ある。

　米国で連銀議長として名を馳せたアラン・グリーンスパンは「評判とそ
れがもたらす信頼は市場資本主義に必要な核心なのである。」「信頼の文化
が失われた国では、取引を行なう能力が衰える。」（著書「波乱の時代」）と述べ、
金融や経済を支える上で「信用」つまり他人への信頼というものがすべて
の基礎であることを強調している。

　そして、金融資産とは、経済主体（人や企業など）が他の経済主体に対して
持つ貨幣的な請求権のことであり、経済主体にとっての貨幣の集合体を意
味している。資金であり、貨幣的資産である。

世界の金融資産の規模は実態経済の20〜50倍

　脳医学者の言によれば、人は脳細胞に、物やサービスであれば多すぎる

という過剰感から警戒心が働く感覚を備えているが、不思議なことに、貨幣（マネー）についてはいくら多くなっても過剰感、多すぎるという反応は芽生えないとのことである。

各国中央銀行が発行する貨幣である通貨はかつては金（ゴールド）の裏付けを持ち、実物経済としっかりと関係を持ちながら拡大していく存在だった。しかし、1971年のニクソン・ショック以来、通貨（ドル）と金との関係が絶たれた後は、通貨は管理通貨として人工的、計数的な存在となった。その結果、近年は金融世界が実体経済の拡大を上回る勢いで拡大している。

それでも20年ほど前までは国内のＧＤＰと個人金融資産とはその増加テンポはそれほどかけ離れたものではなかった。ところが最近の20年間で比較すると世界のＧＤＰは年平均3％の増加であり、世界貿易は7％の増加だが、世界合計の個人金融資産は実に年平均14％の増加を記録し、世界中にマネーが溢れる事態になった。世界の個人金融資産は125兆ドルであり世界のＧＤＰ総計の3倍となっている。この個人部門に企業部門、金融機関部門、政府部門を加えた金融資産全体では実体経済よりも規模にして20倍から50倍も大きいと言われている。

これだけのマネーが世界を駆けめぐっていても物価は高騰していない。これはマネーのほとんどがロック・イン（一定の金融空間を単に巡回しているだけの存在。結果として実需からはなれたところに封じ込められている。）されているためである。「**金融の目詰まり現象**」、とも表現されている。

マネーというものは使われてこそ（ものやサービスに消費されてこそ）価値を発揮するものである。使われないマネーというものは将来への備えという意味は有るものの達観していえば数字以上に実質的な価値を十分に持つことはできない。

最近の金融政策について

ここで、我が国の最近の金融政策に触れておきたい。

日本経済は1990年代、2000年代初頭の約20年間深刻なデフレ（マクロ経済の需要不足から物価水準が下がり経済活動が一方的に縮小していく経済現象。）に悩まされてきた。デフレは、すべての経済エネルギーをマイナスの方向に引っぱり込

んでいくブラックホールのようなものである。日銀は**デフレからの脱却**を目指して巨額の国債・民間株式等の買取など非常に思い切った金融政策を粘り強く遂行してきた。デフレは金融現象でもあるので日銀がマネーの供給を超低金利政策を通じて人為的に増やしていけば国全体の需要が喚起されるはず、という理念のもとでの政策である。それが国民の願いでもあったと思う。そして、漸く一般物価の下落に歯止めがかかり、現在では消費者物価（総合指数）は前年対比マイナスの域を脱してプラス1％台（2018年2月対

前年同月比総合指数プラス1．5％、生鮮食品を除く総合プラス1．0％。ただし生鮮食品及びエネルギーを除く総合はプラス0．5％）と安定した水準にまでたどり着いた。日銀はデフレからの完全な脱却には前年比2％の水準が必要であるとして**金融緩和路線**を引き続き継続する意向である。

　しかし、完全失業率が2％台半ば（2018年3月2．5％）にまで低下し労働力市場がかなりタイトになり、賃金が上昇する兆しを見せる現在の状況からすると当初の金融政策の目的はすでに達成できたのではないかと思われる。日銀は十分によくやったと率直に評価してよいのである。しかし、これから先、さらに消費者物価2％の当初の目標に向けて突き進むと、このところ地価がかなり早いテンポで上昇し始めているという致命的な赤信号の点滅や我が国の低い潜在成長率（各調査機関の計測では1％以下）を考慮すると今後は種々の弊害の発現ばかりが懸念される。これまでの金融緩和政策は国債の増発による政府債務残高の桁外れな堆積という大きな代償をもたらし、国民の将来への不安は深まるばかりである。国民は現在生鮮食料品の高騰、介護関連費用の重い負担などにより生活水準の実質的な劣化に悩んでおり、現在以上の物価の上昇を全く望んでいない。まして今年10月には物価を確実に嵩上げする消費税2％の増税が待ち受けている。国民はこの際、生活を安定させるために物価の安定を望んでいる。したがって、識者が指摘するように国債やＥＴＦの大量買取りといった異例の金融緩和策は打止めにして漸次中立的な金融政策に戻すべきであると考える。臨時異例の措置というものは当初それがどんなに理に適っていても、長く継続すれば必ず大きな弊害を生むものである。デフレとインフレの発現は紙一重の微妙なものである。

158　　第十七章　金融資産世界一の対外金融純資産額

「金融の目詰まり」を避けるためには

　マネーは経済が順調なときにはまず実需世界に流れ込む。個人にとって生活必需品である衣・食・住や趣味、嗜好に関わる多彩なサービスなどに投下される。貯蓄の積み増しなどにも使われる。しかし、実需が、供給されてくるマネーを吸収するだけの経済規模の拡大（経済の器の大きさ）を持たなければ、それは溢れて不動産や株等へと回る。不動産、株等はこれが10億円といわれても20億円といわれても価値尺度がはっきりしないのでマネーが吸収される場所としては格好の居所となる。しかし、これが度を越せばバブルとなり、それは実態というより虚態めいたものを多く包含するのでいずれは弾ける。そしてバブル崩壊の反動として信用収縮が始まる。不況の到来である。国としては放置できないので対応策として財政出動ということになる。それは国債の増発という形をとる。国債増発の引受け手は大口に限れば、結局は中央銀行をはじめとする金融機関、機関投資家しかない。

　我が国の場合、バブル破綻の処理がほぼ峠を越した2010年度末時点では、巨額の国債残高の実に65．2％が銀行と生保、損保によって保有されていた。これらの原資は国民の預貯金や保険料の支払いであるから、国内単位で見れば国民の債権と債務とが両建てで形の上だけ大きくなるバランスであったことを意味している。

「金融の目詰まり」を避けて、マネーにその価値を発揮させるにはどうしたらよいのだろうか。究極的には**実需**を大きくしていくより他にない。国民経済を羽織っている着物を大きくしていく、経済成長を図るなかで解決していくという道である。そのためには国民に実需を喚起するような「**将来に向けての夢**」がなければ家計部門の消費活動、企業部門の投資活動は大規模には起こってこない。将来に向けて自信をもって着実に進んでいく、という極めて常識的な解決策しかない。それは多少時間がかかるかもかもしれないが、これまで二次にわたる石油危機、1990年代の金融危機等、幾多の著しい困難を切り抜けてきたこの国の力からすれば、企業による賃上げなど経済各部門間の良循環を回復していく経緯を辿ることにより達成可能であると考える。

実力に裏付けられた自信の回復が何よりも大切なのである。

預金・現金に偏る我が国の金融資産

　この著書はフローからではなく主として残高等のストックの観点から記述しているので金融においても金融資産の観点から説明していきたい。

　日本は天然資源には恵まれていないが、これまでの高度経済成長の過程での蓄積が進んだ結果、世界でも有数の金融資源（金融資産）を保有している。

　我が国の個人の貯蓄等の金融資産残高（2009年末現在）は1，452兆円であり米国の4，098兆円に次ぎ世界第2位に位置している。第3位はドイツの617兆円、以下英国の608兆円、フランス506兆円の順である。また、金融資産から負債総額を引いた正味金融資産残高では米国2，802兆円に次いで、日本が1，083兆円であり、ドイツ414兆円、英国385兆円、フランス331兆円、となっている。米国の4割、英国、ドイツ、フランスの2〜3倍以上に及ぶこの金融資産残高は、人口一人あたりでみても米国に次ぎ世界第2位である（第一生命経済研究所資料）。

　我が国の**金融資産別内訳**は預金・現金による保有が55．3％、生命保険が17．6％、有価証券16．1％（その内訳は株式9．2％、投資信託5．4％、財形貯蓄2．2％、債券1．6％など）、投資保険2．0％、個人年金保険5．7％などである（金融広報中央委員会調査2016年版）。預金・現金が金融資産全体の過半を占めている。預金・現金は元本が保証されており、他方、それだけに運用利回りは小さいのが特徴であり安全志向の資産運用ないし資産保有である。

　ちなみに米国の場合は、預金・現金は14．5％と小さく、保険・年金が28．8％、株式17．7％、ファンドなどへの出資金14．2％、投資信託11．9％、債券9．6％、その他3．3％である（木本書店「世界統計白書」2015〜16年版）。米国では、株式のように元本そのものが変動するもの、ないし債券のように満期まで持てば元本は保証されるがその前に売却すると市場価格での売却となり価格変動に曝されるものといった、売買に際して儲けも大きいが同時に損も立つといったリスク志向の金融商品である有価証券運用が過半を占めており我が国とは様相を異にしている。

我が国の1世帯あたりの金融資産の平均値（中央値）は400万円

　我が国の家計の金融資産残高の詳細についてはいくつかの統計がある。そのひとつである金融広報中央委員会調査（2016年版調査時点2016年6月～7月）によると、全世帯のうち金融資産を保有している世帯は69％、保有していない世帯が31％である。非保有世帯の割合がかなり高い。そして、全世帯の金融資産残高の平均値は1，078万円であった。しかし、その中央値は400万円であるとのことである。

　私は我が国では中央値では400万円しかないという社会的な実態に注目したい。この辺が我が国の一世帯あたりのひとつの平均像になるという思考座標を設定して経済政策を実施していかなければならないと考える。

　顕著な特徴は**年齢世代別**に見られる。たとえば、勤労者世帯の世帯主年齢別の貯蓄残高（2012年）でみると29歳以下の世代が290万円、30歳代569万円、40歳代988万円、50歳代1，609万円、60歳代2，168万円、70歳代が2，232万円となっており、大変な年齢世代別格差が見られる（金融広報中央委員会調査2013年版）。この統計から、働き盛りである29歳以下および30歳代（つまり我が国の被雇用人口のほぼ半分を占める40歳未満の層）において貯蓄形成があまり進んでいないことが明らかであり、今後これらの世代に高齢化社会時代の年金拠出負担を期待する国家設計がサステイナブル（持続可能性）なのかどうか十分慎重な配慮が必要であることを物語っている。

　貯蓄は我が国の年功序列型賃金構造を映してある程度歳をとらないと溜まらないという面に起因している。それとともに定年退職に伴い支給される退職金が日本の貯蓄にかなり寄与してことを示している。

　以上から明らかなように我が国の金融資産の保有状況はいろいろの面で格差がかなりあるように見受けられる。最近では、我が国では**現役世代**が所得の伸び悩みや生活必需品消費の累増から貯蓄に回すだけの余力を失っているように見受けられる。

　可処分所得に対し貯蓄に向かう金額の割合を示す貯蓄率をみることにしよう。

　日本の**家計純（ネット）貯蓄率**（ＯＥＣＤエコノミック・アウトルック）は1990年初頭までは15％内外と大変高い水準にあったが2000年代には入り急速に低下

し、2015年では0．6％となった。一方、スイス13．4％、スウェーデン11．5％、ドイツ9．7％など、高く、また、かつてマイナスの貯蓄率だった米国でも現在は8．0％である。

　我が国における最近の急速な貯蓄率の低下は現在の家計（個人部門）が経済的に余裕を失っていることを意味し、看過してよい現象とは思えない。

世界第一位に位置する我が国の対外金融純資産額

　国内の金融資産は、保有側の国内向け資産は国内の借り手側の負債でもあるので国全体としてみれば差し引き相殺される性質のものである。そこで、ここでは国内分を相殺した後に残る対外的な資産の状況を見ることにする。

　対外金融資産については、我が国が海外に持っている金融資産そのものの額と、その額からわが国の対外金融負債を差し引いた対外金融純資産、の二つの見方がある。

　そこでこのうち対外資産から対外負債を控除した**対外純資産**で見ると、我が国の対外純資産額は2013年末において325兆円であり、世界中で飛び抜けて大きい状況で第1位に位置している。次いで中国の207兆円、ドイツの192兆円、欧州でも指折りの金融市場を持ちユーロ市場の中心の一つに位置するスイスが103兆円の順になっている。米国はといえば、対外負債が巨額であるため純資産ではマイナス482兆円、英国もマイナス3兆円、フランスはマイナス50兆円となっている（財務省ホームページ）。

　我が国の対外純資産は1990年末40兆円、96年末100兆円、そして直近（2013年末）では325兆円という巨額の残高となった。最近の急激な増加は日本企業が米国、欧州さらに中国などに投資を行い、そこでの資産が積み上がった結果である。日本は名実ともに世界最大の純債権（債権から債務を差し引いた額）国なのである。

　その意味するところは非常に大きい。この純債権には中国に次いで世界第2位の水準にある我が国の外貨準備高（約130兆円）が含まれている。今後日本が対外的に追い詰められるとすればそれは過度な円高局面と並んで、過度な円安（円の売り浴びせ）局面であると予想される。しかし、これだけの対

外純資産があるとそこは対応可能な態勢なのである。また、国際金融市場において時にドルが暴落したときに海外の投機筋は円を買う動きに切り換えて通貨危機をひとまず乗り切ろうとするがそれはこの我が国の対外純資産の大きさが円への安心感を与えているからなのである。

そして、**米国は巨額の負債超過**となっているが、見方を変えて言えば米国の貯蓄不足を他の有力国が補っていることを意味している。たとえば、米国国債の保有割合は、日本は中国とともに各々1割程度（2009年1月末統計）となっている。これは米国、ひいては世界の貯蓄不足の一部を日本などアジアの諸国が穴埋めしていることを示しており、日本などの世界経済に対する大きな貢献と言ってよいだろう。

このように積み上がった対外債権は今日、利子や配当の支払いという形で資金が我が国に還流しており、2013年の所得収支の黒字は16．7兆円であり巨額なものとなっている。貿易収支の赤字額10．9兆円を十分に穴埋めする水準にまで達している（財務省 国際収支統計）。

第十八章　経済資産
金融・土地資産の光と影

一人あたりGDPでみると日本はごく普通の先進国

　経済とは、我々人間がものやサービスを生産し、これを消費し、余った
ものを蓄積ないし取り崩していく諸活動である。多くはマネー（お金）が介
在して行われている。賃金や所得を生み出し我々を失業や飢餓から救い、趣
味、娯楽を楽しむ余裕すら与えてくれる「サイクル」である。そうしたサ
イクルが無数に回って動いているのが経済というものである。

　ストックとしての経済資産の話に入る前に、フローとしての我が国の経
済状況を点検しておきたい。

　各国の経済規模を端的に示す国内国民総生産、すなわちGDP総額（2016
年）でみていくと、日本は4，900億ドルであり米国の1兆8，600億ドル、中
国の1兆1，200億ドルに次いで世界第3位の経済大国に位置している。堂々
たるものである。

　しかし、人口規模を捨象して、国として個々の人や企業、政府の総合的
な生産力ないし所得や収益を生み出す力を示す指標として「**一人あたりG
DP**」（名目GDP÷人口）があるが、これでみると日本は年を追って世界（190
ヵ国）における地位を下げている。統計の直近年である2016年において、米
国は57，610ドルで第8位、ドイツは42，180ドルで第19位、英国は40，050
ドルで第21位であるのに対して、日本は38，890ドルであり世界で第22位と
なっている。

　日本は個人、企業、政府を合計すると平均して人口1人あたり米国の3分
の2（68%）の生産ないし所得の獲得しかできていないことになる。ちなみに
ドイツに対しても約9割（92%）である。息をせききって走ってきたものの気
がついてみればいつのまにか米国の後ろ姿はもはや見えなくなっており、ま
た、かつてこれまで大きく先行していた欧州の主要国との位置づけも逆転
し、逆に引き離されつつあることを物語っている。

これらの計数は変動してやまない為替レート（円のドル換算）の水準に相当
左右される。しかし、それにしても米国との明確なこの格差はここ2〜30年
経済分析に携わってきた筆者にとってまことに衝撃的な事実ではあった。「失
われた10年、ないし20年」という長いトンネルともいうべき経済停滞の挙
げ句、一人あたりＧＤＰで見る限り、いつのまにか日本は先進国のなかの
ごく普通の国になってしまっている。

　前章は、計数的に日本の世界での位置づけが客観的に理解しやすい金融
資産、つまり「お金（マネー）の積み上がった総額」に限定した説明だった。
これに物やサービスの評価額を加えるとどのような姿になるのだろうか。こ
れが国民総資産、ないし国富の概念である。

国民総資産とは何か

　まず、国富の「粗い」概念である国民総資産について述べておきたい。極
めて重要であり、一人一人の国民にとって切実なはずだがそれほど話題に
上ることのない計数である。この機会に辛抱強くおつきあい願いたい。

　国民総資産とは、一国の国民全体が所有する資産の総和のことである。別
の観点からいえば過去から現在に至る全国民（家計、企業、政府の合計）の活動
の結果として蓄積された一国の一定の時点における資産残高の額である。国
内総生産（注 いわゆるＧＤＰのこと。この指標は大変よく使われている。他方、国民総資産
の方は経済書において全くといってよいほど取り上げられていない。それには十分に理由がある
ことなのだが、本稿ではそこは立ち入らない。）が一定期間（たとえば一年間）に生産され
た財貨サービスを記述するのに対して、国民総資産はそうした国民の生産
活動、消費活動、所得獲得活動の過程で蓄積され、次代に繰り越されてい
く特定時点における価値額を残高の形で表している。いいかえると一国の、
固定資産残高、金融資産残高、そして在庫残高を、ある時点で合計したも
のである。これはある意味で国富の一形態と考えてよいだろう。

国民総資産と国民所得との関係

　国民総資産と国民所得との関係は、期首の国民総資産を基にして人々の

第十八章 経済資産 金融・土地資産の光と影　　165

労働による成果として年々の国民所得が生み出される。そこから期中の消費を差し引き、期首・期末異時時点での価格を調整すると期末の国民総資産が得られる。すなわち、期首国民総資産＋国民所得－消費＋再評価調整額＝期末国民総資産となる。

　ここで再評価調整額とは、期首から期末にかけての価格変化分などであり、期中におけるインフレ、デフレ要素を調整する項目である。

　こうした形で国民総資産を概念づける意味は、フローとしての国民所得を生み出す元本であると同時に、その結果であるところの、蓄積された諸財の蓄え（ストック）の構造を明らかにすることにある。

　一定の所得を発生させるためには、年々の所得という果実を生む元本としての資本蓄積高と、労働力といった生産要素が組み合わされ稼働することによって初めて可能となり、所得と財貨生産の流れを経て国の富が期首から期末へと増えていく、ないし減っていくわけである。所得の流れ（フロー）は国の富の蓄え（ストック）から出てその流れがまた蓄えに入るというように**相互に循環**した関係を示している。

　言い換えると、国民貸借対照表は期首財産と期末財産とが示され、この期首・期末の差額がいわゆるフローの金額である。このフローは、期間中の実体的な経済活動の結果としての実質的な資産の増加と、期間中の資産の値上がりないし値下がり（キャピタル・ゲインないしキャピタル・ロス）の部分に分かれる。こうして勘定が整理されることによって土地や株式の価格の変化というこれまでの国民所得勘定の枠外にあった問題が経済計算体系の中で解かれていくことにもなるのである。

　ただし、この仕組みを詳細に解説した一般の書物は、残念ながら我が国では皆無に近い。

日本の国民総資産の規模は実に1京円

　内閣府（経済社会総合研究所）が2018年5月に「国民経済計算年報」2016年版においていわゆる国民資産・負債残高表を公表しており、その中で直近の我が国の国民総資産を詳細に示している。

　これによると2016年末の我が国の国民総資産、すなわち全国の日本国民

が保有する総資産は、合計で1京（「けい」と読む。）497兆円（1京とは1兆の1万倍、ないし1000兆円の10倍）であった。つまり、純（ネット）概念ではなく粗（グロス）概念でいえば、我が国の国富（wealthofthenation）は1京円という規模ということになる。京という単位が国民経済計算統計上に現れたのは我が国の歴史上初めてのことである。

　その内訳は、住宅、事務所、工場、機械設備、公共設備などの生産資産が1，813兆円であり、主として土地に代表される非生産資産（自然資源）が1，189兆円、金融資産が7，495兆円である。

　企業会計の貸借対照表を思い浮かべるとわかりやすいかもしれない。Ｔ字型の貸借対照表（バランスシート）で左側の国民総資産には住宅、工場、機械設備、在庫品といった生産資産と土地等の自然資源の総額、そして金融資産などが並ぶ。金融資産の中には現金、預金、信託、保険、株式、社債等の債券、貸出金、企業間信用などが含まれる。他方、国民貸借対照表の右側の欄には借入金（金融機関等による企業や個人、政府等への貸付金である。）、社債等の債務証券、株式などの金融負債等及び後述する正味資産（純概念の国富）が記入されている。左右の欄の総額は同額であり均衡している。

国民総資産の項目別構成　　圧倒的に高まる金融資産の比重

　2016年末の国民総資産（上掲の計数）の項目別構成をみると、全国民が保有する生産資産が17．3％、主として土地からなる自然資源が11．3％、金融資産が71．4％となっている。金融資産が実物資産を圧倒的に上回って巨大な規模で保有されていることがわかる。金融資産7，495兆円のうち主なものは現金・預金の1，894兆円、貸出金の1，398兆円、社債等の証券1，267兆円、株式等1，017兆円、保険・年金等が549兆円である。

　1990年末における国民総資産に対する金融資産の比率は56％であった。しかし、この比率は累年上昇していき、2016年末には71％となっている。一方、実物資産のそれは44％から29％に低下している。過去26年間において、時の流れとともに、経済全体として実物資産に比べて金融資産が一気に増加する傾向にあることがわかる。驚くほどの変化であり、国民の資産の中身がモノからカネへと変質しつつある姿が明確に読み取れる。間違いなく、

第十八章　経済資産 金融・土地資産の光と影　　167

我が国経済は凄い速度で金融化現象を呈しているのである。「貴方はどんな財産をお持ちですか」と聞かれて、かつては、「家があります、自動車があります」、といった実物資産がその答のおおよそだったのだが、今日では主として銀行預金、株式、債券など金融資産の形での資産保有が圧倒的に多くなっていることを意味している。

これは2つのことを意味しているようだ。

一つは、経済のサービス産業化、ソフト化が進むと、実物資産や在庫の形では蓄積せず、主とした金融資産の形で蓄積される。第2は、カネが実物資産という形で眼に見える資産として振り替わる比率が減ってきていることを示している。

また、実物資産の質という面から見るとたとえば実物資産を構成する用地費が単に名目的に地価が上がってその評価額が増加した結果であれば本当の意味で実物資産が増えたとはいえない。しかしその地価の上昇が土地の価値を本当に高めた結果の上昇であればそれはそのまま実物資産の国富としての増大として受け入れなければならない。その境界線がどこに引かれるのかは依然として統計処理上の難問であると想像される。

生産資産と自然資源

金融資産以外の資産（法人＋家計＋その他部門）の内訳を細かく見ていこう。

全国民が保有する金融資産以外の資産（非金融資産）は生産資産と非生産資産（自然資源）とに分かれる。生産資産は1，813兆円であり、このうち住宅が368兆円、その他の建物構築物が1，012兆円、機械・設備などが215兆円といったところが主なものである。

企業の機械設備、工場、事務所ビルなどの構築物は過去の設備投資の集積ないし蓄積したものということになる。

非生産資産（自然資源）は土地、鉱物・エネルギー資源等からなる。金額的にはそのほとんどが**土地**で1，183兆円あり、非生産資産1，189兆円のうちほぼ100％を占めている。さらにそのなかで宅地が1，004兆円であり、土地全体の85％を占めている。

家計部門の資産では住宅と宅地の割合がほぼ1対2の比率

　次に国民資産貸借対照表のうち、資産面から我が国の家計部門（個人企業を含む。）について見ていきたい。

　今日、個人の保有する総資産残高において、土地（宅地等）は703兆円であり、住宅そのもの、家電製品、自動車などの実物資産の合計額361兆円を優に上回っている（内閣府経済社会総合研究所「国民経済計算年報」平成30年版）。日本人は総所得や貯蓄の相当な部分をひたすら土地（宅地など）の取得に充ててきたという図式が浮び上がってくる。端的に言えば、一生懸命に働いて稼いだおかねが狭い面積の土地代に化けていく国なのである。

　家計が保有する資産のうち、建物部分にあたる住宅は352兆円であり、土地部分にあたる**宅地**は703兆円（上記全国の宅地のうち家計の持ち分）を保有している。その比率は住宅建物1に対して宅地2の割合である。

　国民が保有不動産を家屋と言うよりも宅地で持っている姿が浮き彫りになる。欧米諸国では家屋の方が宅地よりも大きい比率を占めるのが通常とされている。我が国では、欧米と同じ額の住居取得資金を用意してもその大半が宅地の購入費に充てられてしまい、かつそれも狭い土地であり、建物としての家屋そのものについてはささやかな価格のものに住んでいるという現実が浮かび上がってくる。それはまさに我が国の貧しい生活事情を浮き彫りにしている。これでは日本人はいつまでたっても生活の豊かさを実感できない。

　資産としての土地の評価額は造成地を除けば国内の土地の総面積はそれほど異ならないのでもっぱら地価の動向によってその金額が変動することになる。

　土地についてはその価値評価は非常に難しい。地価は場所や経済距離、思惑などによって値段はまちまちである。また、付近に駅やバス停ができたり、スーパーマーケットができたり、といった土地そのものではない要素によって大きく値段を変化させる。それだけに、土地を国富に含めると国富統計の客観性についてにわかにいろいろな疑点が湧いてくることは否定できない。

家計が持つ実物資産としては家屋・宅地が最も重要だが、それに次ぐ資産である家計の耐久消費財の残高（2016年末）は総額115兆円である。そのうち、乗用車などの輸送機器が58兆円で49％を占め、次いで家電製品などの家庭用器具が22兆円、パソコンなどの情報・通信機器が21兆円、家具・敷物が9兆円、となっている。

　以上から明らかなように日本人は一生掛けて働き、実物資産として残るものはほとんどが宅地に吸い取られてしまっていることが計数の上であきらかになってくる。

国民総資産のうち民間保有分は70．5％、公的部門保有分は29．5％。

　国民総資産全体のうち民間部門の保有は70．5％、公的部門は29．5％であり、民間部門が圧倒的に大きな割合を占めている（国民経済計算年報平成30年版「民間・公的別の資産・負債残高表」より算出）。ちなみに国土の所有主体別面積比は国有地23％、公有地（地方公共団体等）8％、道路・河川等が16％であり、道路・河川の除いた国公有地の合計と私有地とを対比すると私有地の割合は63％であり、ほぼ3分の2が民有地であることがうかがえる。民有地のうち個人・法人別の面積比では個人が85％、法人が15％の比率で保有している（平成24年3月末現在　財務省ホームページ）。

　いずれにしても国の総資産全体に占める私有財産の比重は高い。これは日本経済が基本的に私有財産制と自由な市場メカニズムの下で動いていることを示している。

国富は総額で3,351兆円

　狭い意味での「国富（国民が保有する富の総額）」は上記の「国民総資産」から一国の総負債残高を控除することによって算出される正味資産として把握される。正味資産は統計上「国富」と呼称されている。2016年末の国富は3,351兆円（内閣府経済社会総合研究所「国民経済計算年報」平成30年版）であり、正味資産に直すと先に述べた国民総資産に比べ一段と小さい金額になる。

　国富、すなわち「国の富」の真相に迫るには、やはり、国民総資産と正

味資産の双方について見ていく必要があるように思われる。正味財産、すなわち**国富**は、概して、企業会計上の資本金と剰余金などの純資産に相当する。その定義上、国民が所有する各種の有形固定資産と無形固定資産、土地などの非生産資産の合計に、我が国の対外純資産を加えた金額になる。

　一国のなかの個々の主体は金融的な貸し借りによって関係し合っている。ところが一国の国民経済全体としてみれば一方の貸しは片方の借りである。したがって経済全体では貸し借りの両者は相殺され（差し引きされ）てしまう。この点が国民総資産のなかで「国富」という概念を理解する上で大変重要な点である。

　そこで実物面、金融面の双方を含む全体の資産負債バランスにおいて相殺されずに残るのは、借方は非金融資産であり、貸方では正味資産（純資産）ということになる。両者はバランスシート上、ほぼ同じ金額になる。

資産面における金融資産の役割

　金融資産は国民総資産というグロス概念ではその構成項目をなし、そのまま資産として計上される。他方、正味資産である国富統計の際には金融資産（金融債権）は金融負債と相殺され参加してこない。しかし、金融資産、金融負債が仲介して実物資産が作り上げられ積み上がっていることを考えると正味資産、つまり国富においても金融資産は背後で実質的に大きな役割を果たしているといえる。そして役割を果たし終えた後に国富勘定の上から消えていくのである。前述した7,495兆円という巨額の金融資産の存在は経済活動の仲介役として意味をもっているのである。このように国民総資産と国富との関係は実体経済における金融の役割を実にわかりやすく示している。

　ただし、グロスの総資産の中で金融資産がこれほどまでに大きな存在感を示す状況になっていることは、とりもなおさず我が国経済が比較的筋肉質に乏しく、やや水ぶくれ（金融資産として死蔵されている部分がかなりの比率を占めていると推察される。）になっていることを示している。金融資産はたとえば悪性インフレが不意に起これば実質的な価値が急に収縮してしまうものであるだけに実物資産ほど頼りにならないことに留意しておく必要がありそうである。

第十八章 経済資産 金融・土地資産の光と影　　171

第十九章 「人」
人口の歴史的転換点

世界は人口増加の一途

　地球の人口は、今からおよそ2000年前の紀元後0年前後ではおよそ2億人だったと推定されている。現在の我が国の人口の1.5倍強に過ぎない人々が全世界に展開していたという図式になる。地球の人口は、その後長い間、食物の増産が進まなかったという食料事情による厳しい制約や戦乱、疫病等が原因となって緩慢な増加にとどまった。天候不順からくる凶作の恐怖、外敵が襲ってきて村ごと焼き払われてしまうときの戦慄、蔓延する伝染病などの病魔。人類は長い間、生と死の狭間のなかで細々と生存し、人口の増加ははかばかしくは進まなかった。そして、そろそろ近代化への胎動が始まった17世紀中頃の世界の人口はおよそ5億人にすぎなかったと推定されている。

　人口が増え始めたのはそれから約100年後、欧州各地で産業革命が起こり、人類が人口の諸制約から解き放たれ始めた18世紀中頃以降からである。その後の増加は「**人口爆発**」と表現されるほど凄まじいものだった。1850年に10億人を突破したあと、1901年、つまり20世紀初頭には15億人になり、1960年には一気に30億人に達した。そして現在、73億人というのが直近数字である。

　およそ10年で10億人増加した計算になり、ほぼ40年間で世界の人口が2倍になった。つまり、世界の人口は紀元1世紀初頭から20世紀初頭まで1900年の長い歳月を要してやっと13億人増えたのに対して、その後わずか100年の間にその3.5倍の45億人も増加したのである。

　近年、世界の人口の増加率はやや低下している。1990年代の世界の人口の増加率は年平均で1.7%となった。しかし、それでも人口の絶対数は今日でも年平均8000万人以上の割合で増えており、少なくとも21世紀半ばでは増加を続ける予想されている。

172　　第十九章「人」人口の歴史的転換点

国連推計によれば世界の人口は21世紀半ばすなわち2050年にはおよそ90億人になるという。人々の地球環境への圧力は今日の1．2倍になるわけである。そして、さらに50年後、100年後まで、人口の増加がその速度を減速させていくにせよ、地球が、膨大な人口がくり広げる日々の営みに喘ぐ、たとえていえば、地球上の都市に人々が溢れ、食物等を奪い合うような想像図が脳裏をかすめる。なんらかの抑止力が働いて、そうはならないように期待したい。

世界の人口は発展途上国に偏在

　世界の人口のうち、中国、インドを中心にしてアジア地域が全体の6割を占めている。人の面でいえば世界の重心は間違いなくアジアにあるということになる。そして残りの4割を欧州、アフリカ、南北アメリカ大陸がほぼ3等分する形になっている。

　近年の人口増加率を2010年代平均でみると世界全体の人口年平均増加率は1．2％であるが、その内訳は発展途上国が1．4％増、先進国が0．4％増であり、その間の格差が大きいのが特徴である。人口増加の大半はアジアとアフリカで起きている。1950年の発展途上国の人口割合は68％であったが、2015年の世界人口は発展途上国が83％を占めている。推計によればその割合は2050年には87％にまで跳ね上がるという。

　発展途上国では死亡率が低下している反面、出生率が非常に高い。ただし、発展途上国でも最近出生率が低下し始めている。これは教育費が上昇して子供に対する家計負担が重くのしかかっていること、避妊薬の普及、女性の地位の向上（いわゆるジェンダー問題）などによるものである。

我が国の人口は明治維新以後大幅に増加

　翻って、我が国の人口の計数を見ておこう。

　我が国は江戸時代（1600〜1867年）の270年間は概して人口は増加の気配を示さず概ね3，000万人〜3，300万人の水準でゆったりと推移した。人口上、ほとんど変化のない膠着した社会構造であったようだ。

　そして、我が国が近代国家として新たな出発点を画した明治時代初期（18

第十九章「人」人口の歴史的転換点　　　173

70年）の推定人口は3，500万人だった。

　府県別の人口を見ると、当時の日本が農業国であったことを如実に反映して府県別には明治13年（1880年）1月時点では石川県（後に富山県を分離。）が180万人で一番多く、次いで新潟県の160万人であり、東京府は3府36県中18位の100万人、大阪府は60万人だった。今日から数えてわずか120年前までは、米作を離れて多くの人口を扶養することが極めて困難であった事情を端的に示している。

　その後、我が国における産業革命ともいえる明治維新政府主導の「殖産興業」政策の大きな潮流に乗って、我が国の人口は急速に増加し始める。

　明治維新から約50年を経過した1920年の人口は5，600万人に増加し、次の約50年後（1967年）に1億人の大台に乗せた。

　2015年現在の日本の人口は1億2，700万人である。**世界の総人口**は73．5億人であり、中国13．8億人、インド13．1億人、米国3．2億人、インドネシア2．6億人、ブラジル2．1億人、パキスタン1．9億人、ナイジェリア1．9億人、バングラデッシュ1．6億人、ロシア1．4億人、メキシコ1．3億人であるから日本は世界第11位の人口大国ということになる。ドイツは8，100万人、フランス6，400万人、英国6，400万人。日本は世界の総人口の1．8％占めている。およそ56人に1人が日本人という計算になる（日本統計協会「統計でみる日本」2016年版）。

　消費需要の場として日本を見ると、人口1．2億人というのは、内需市場としては大きな規模である。企業等の供給側にとって大きな市場が国内にあり、そこをしっかり抑えれば生産・販売基盤を築けるという環境を提供している。各国に所在する企業にとってマーケットという以上、ある程度高い所得階層をもつ1億人以上の市場を視野に入れたいところだが、日本は一国だけでその条件を満たしている。フランス、英国、イタリアとなるとそうはいかない。東欧の各国でも1億人のまとまったマーケットが得られないために企業誘致に支障を来している。我が国企業の場合、国内の市場で十分な消費者の支持を得た上で海外市場に打って出ることができる長所は計り知れない。

　人口論の見地から歴史の大きな物差しで見ると、日本経済が国際社会で大きく雄飛した1980年代から今日までの過去30年間が世界経済との対比で

見た場合に時系列の上で最も大きなプレゼンス (存在感) を示した時期の一つとなる可能性がある。今日、これだけの人口が第一級の所得と富を持って、安定した規模の社会・経済圏を形成しているということは特筆に値する。

2008年以降減少に向かう我が国の人口

国立社会保障・人口問題研究所の推計によると、日本の人口は今後2008年の1億2,808万人をピークにして以後減少に転じ、2048年には1億人を割り、2060年には8,673万人になると予測されている (国立社会保障・人口問題研究所「日本の将来推計人口」平成24年1月)。

さらに、我が国の人口を生産人口にしぼってみると、その傾向はさらに険しくなる。生産年齢人口は総人口のなかで実際に生産活動に従事することがとりあえず可能な年齢層である15歳から64歳までの年齢帯にある人口帯と定義されている。厚生労働省の推計によると日本の生産年齢人口は2001年では8,610万人であった。しかし、今後減少を続ける見込であり、2012年には8,000万人を切ったとされている。さらに2050年には5,500万人へと大幅に減少する見通しである。

日本では地方の諸都市で商店のシャッター街が増えており、また村落についてはが人口減少からそのコミュニティーとしての維持が難しくなっているところが増えている。全体としても空き家がひどく目立つようになった。

明治維新以来130年余にわたり、ほぼ一貫して増え続けてきた我が国の人口が一転して減少基調になるということは現在がある意味で日本において**歴史的な転換点**にあることを示唆しているともいえる。

世界各国において、人口の低下傾向が反転する事例はあまりあるわけではない。ある地域において文明システムが普及して完成の域に達すると資源や環境などの制約要因が働いて成長にブレーキがかかる。人口の停滞は成熟社会の一側面であり、全く新しい制度や技術革新・意識革命などがない限り人口が増加に転じることは期待しがたいとの論拠による。

スウェーデンでは、長らく低下基調にあった出生率が、育児休暇中における手厚い所得保証制度の導入、政府の経済面での助成等により10数年前

第十九章「人」人口の歴史的転換点　　175

から急上昇し世界中から注目された。しかし、1990年代後半に再び下落に転じており、対策の難しさを浮き彫りにした形になった。この試みは経済面での環境整備が効果があることを示しつつも、それだけでは不十分であることを物語っている。

少子化現象が顕著

人口の絶対数の減少という現象は人口の増加率が低下することからはじまる。日本の人口増加率が減り始めたのは1973年の第2次ベビーブーム以降である。

1996～99年の人口の年平均増加率は世界の平均が1.3%、米国の0.9%等に対して日本は0.3%であり、ドイツの0.1%、フランスの0.4%とともに低い水準で推移している。死亡率は公衆衛生の改善、医療水準の向上、所得の増加による栄養状態の向上などに支えられて1920年以降長期的な低下傾向が続いた。人口1000人あたりの死亡率は1920年の25人から1951年以降は10人以下となり、82年には6人にまで下がった。その後上昇し2015年には10人になっている。

一方出生率（1000人あたり）ははっきりとした減少基調にある。我が国では1950年代初め頃は28.3人であり、1980年でも13.5人であったが、ここに来て急速に少子化が進んで、99年には9.4人にまで下がり2014年現在8.0人となっている。

2012年の1年間に生まれた子供の数は100万人であり、戦後のベビーブームの1949年の269万人に比べるとわずかその37%に過ぎない（国立社会保障・人口問題研究所「人口統計資料」2014）。

我が国における少子化の最大の原因は**晩婚化**にある。女性の平均初婚年齢は29・4歳（2011年 厚生労働省「人口動態統計年報」平成23年版）であり（ちなみに男性の平均初婚年齢は31・1才）、おそらくこれまでの1600年の我が国の歴史において最も遅い状況になった。しかも90年代以降は結婚しても第一子を生まない女性が増えている。少子化の原因には、自由な暮らしの確保や手狭な住宅事情、将来の暮らしへの不安などいろいろ挙げられている。経済的負担の増加を嫌う風潮もその一つ。子供を安心してもてる環境の整備の必要性

を考えさせる数値である。

　個々の人々にとって自分たちが望むだけの数の子供を得て自由で豊かな家庭生活が維持できるような社会構造の構築が急がれるところである。

人口の老齢化は確実に進んでいる

　人の長生き度を図る指標として国際比較において一番使われるのが「平均寿命」である。今出生したとして何年生きられるかを統計に則して計算した数字である。世界保健機構（ＷＨＯ）2014年統計によると世界の全人類の平均寿命は70歳である。日本人の平均寿命は84歳であり世界の195か国中第1位。内訳は男性が80歳、女性が87歳である。

　我が国では平均寿命が過去50年間で女性は18歳、男性は15歳伸びた。これを他国と比べると同時期に米国は男性9歳、女性7歳伸び、フランスでは男性10歳、女性10歳の伸びであった。世界全体での男女を通じての平均寿命は1950年代は47歳だったが、これが現在は70歳にまで伸びたことになる（国立社会保障・人口問題研究所「人口統計資料集」2014）。世界全体も相当長生きになっていることがうかがえる。世界保健機構（ＷＨＯ）2009年統計によると日本の84歳に対して、フランス82歳、英国、ドイツがそれぞれ81歳、米国は79歳であった（世界保健機構統計2014年版）。このように欧米主要国でも現在、80歳内外であり我が国とさほどの格差があるわけではない。世界一と聞くとびっくりするが実際には平均寿命は他の主要国と大差ないのである。この辺はしっかり確認しておきたい事実である。

　日本が問題を抱えていると思われるのはむしろ少子化が顕著なために人口構成が大変な速度で老齢化していることである。

　国連では、全人口のなかで65歳以上の高齢者人口の割合が7％を越えると「ある程度人口高齢化の進んだ国」とみなし、14％を越えると「高齢化国」といい、20％を越えると「超高齢化社会」とみなしている。

　日本は1970年に「高齢化がある程度進んだ国」に仲間入りした。そして2014年時点で日本の65歳以上の高齢者は3,300万人であり、総人口の26％を占めている。したがって国連の定義に従えば優に「超高齢化社会」ということになる。第一次ベビーブーム期に生まれた世代が70歳台になる2020年

第十九章「人」人口の歴史的転換点　　177

にはこの比率は29％になると見込まれている。2014年時点で75歳以上は1,591万人であり総人口の12.5％を占め、我が国歴史上初めて1割を越える時期が続いている。

20歳から64歳までの生産年齢人口に対する65歳以上の高齢者の比率は45.9％となる。働く世代およそ2.2人が高齢者1人を背負う計算になり、2020年には1・8人で1人を背負うという推計になっている（国立社会保障・人口問題研究所「人口統計資料集」2016年）。

各年齢階層別人口に占める経済活動人口（実際に労働供給を行っている人口）の比率をみると、2008年前後で各国比較を行うと、65歳以上69歳以下の男性の経済活動人口比率は、フランス3％、ドイツ7％、英国13％、米国が23％、に対して日本は28％であり非常に高い水準にある（国立社会保障・人口問題研究所「人口統計資料集」2014年）。公的年金の給付では生活するには不十分なので所得を得る必要があるとか、我が国の住宅取得が高額の負担になり多額の負債を抱えて定年後も働かざるを得ないといった日本特有の事情も影響している。

しかし必ずしも暗い面ばかりではなく、国民性のひとつとして、ある調査によれば特に**ヤング・オールド**と言われる65〜74歳の年齢層では4分の3は健康であり知的な能力はほとんど変わらず、機会があれば働きたい、働くことを通じて引き続き社会に貢献したいとの意欲をもっているとのことである。

以上に鑑み二つの点が大切である。一つは高齢化は先進諸国に共通の現象であり、各国間での相対的な差は大きいとはいえない。第二に経済の比重が肉体労働から頭脳労働へ、さらに経験に基づく洞察力、着想力が物を言う方向へと転じているということである。

日本の労働市場を論ずる場合に常に話題になるのは、今後確実に訪れる人口の高齢化ないし労働力の老齢化への備えが十分かという点である。人間は誰でも歳をとる。高齢者は壮年者の近い将来の姿なのである。高齢者が活躍することはより若い世代が将来の人生設計に自信をもつ動機づけになる。事実、壮年者や若年者は家庭のなかでなんらかの形で高齢者への生活扶助等の役割を担う立場にあり、決して他人事ではなく我が身そのもの

の関心事なのである。

　今後の社会は物理的体力を必要とする職業は確実に減少していく。就業人口の高齢化は、産業がサービス産業化しているのであればそう目立った欠点とはならない。力仕事が付加価値を生む時代ではないのである。職制も縦の系列ではなく横の連携が重視されるようになる。会社のなかで専門的な仕事が増えており、そこは経験が重視される。もちろん老害はいけない。経営の中枢に高齢者が座る必要性は低い。期待されるのは中枢の人達を背後から支える役割である。在宅勤務も増えており、高齢者が職場にこうした形態で参加できる傾向が増している。給与体系も高齢者の活用を視野に入れたものにすることは十分に可能である。

　ちなみに米国では退職する人の3分の1がコンサルタントなどの事業主として独立しており、自宅のパソコンで文章の入力やホームページ作りなどの仕事をするテレワーカー等も含めればその数は4，700万人に達するといわれている。政府からの要請もあって、企業は外部委託（アウトソーシング）という形でレイオフした人々にも仕事を発注している。

　高齢者社会であるスウェーデン、ノルウェー、デンマークといった北欧諸国が一人あたり国民所得において長年にわたり世界最高グループの位置を維持していることを考えると、人口の高齢化の下で経済的に高い水準の生活を維持することは決して難しいことではないのではないか。

我が国における女性の社会進出の遅れ

　世界の先進国に比べて著しい特徴を示しているのが我が国における女性の男性対比での賃金格差の大きさであり、また社会進出の遅れである。

　厚生労働省の調査によると2016年においてフルタイムで働く女性の平均賃金は月額24万4600円であり、男性の賃金の73％にとどまっている。これを国際的にみると経済協力開発機構（ＯＥＣＤ）の2017年調査（2015年の実績）では日本の女性の対男性賃金比率は74．3％でありＯＥＣＤの調査対象となる全43カ国中第38番目という極めて低いところに位置している。また、企業の管理職に占める女性の割合は日本は12．4％であり、ＯＥＣＤの平均31.2％を遥かに下回る。これをさらに上場企業の取締役に占める割合でみると

わずかに3.4％でありＯＥＣＤ調査対象国のなかでは下から2番目に位置している。国会議員に占める女性議員の比率は日本は9.5％であり、ＯＥＣＤの平均28.7％を大きく下回り加盟国中最下位に位置している。（注ＯＥＣＤは、主として先進諸国のほとんどを網羅して構成されており現在加盟国は35カ国である。）

　今日、我が国において女性の社会進出意欲は十分に高いものの、それを可能にする環境が多くの面で他国に比べて著しく未整備のまま放置されていることを物語っている。女性への育児や高齢親族介護などの負担のしわ寄せなど個々の未整備の理由は明白である。間違いなく、今日、我が国が総力を挙げて組むべき課題のひとつであろう。

労働時間は米国に次いで多い

　現役で働いている人々の労働時間は各国対比でどうなっているだろうか。

　平均年間総実労働時間（就業者2012年）をみると主要先進国中、米国が1,790時間で一番多く、日本が1,745時間、英国1,654時間、フランス1,479時間、ドイツ1,397時間となっている。日本は1990年には2,031時間で主要国の中で一番長い労働時間だったがその後急速に短かくなっている（木本書店「世界統計白書」2015～16年版）。こちらの方は短かすぎるのも気になる一方、長すぎるのはワーク・ライフ・バランスの観点からみて決してよいとは言えない。

　ドイツ、フランスの場合には失業率が高くワーク・シェアリングの考え方が普及していることが短い労働時間結果に影響しているものとみられる。

　ワーク・シェアリングとは、人々の間で勤務時間を分かち合うことである。すでに職を確保している勤労者の労働時間を削り、失業者に割り当てて雇用を増やそうという発想である。欧米では1970年代の不況期に議論され、現在はオランダ、ドイツ、フランスなどで実施されている。その問題点は既存の労働者に対して時短にともない賃金の引下げを求めなければならないこと、および雇用者の増大に伴って使用者側の社会保険の負担が増すことである。

世界の若年層の失業率は13．1％であり非常に高い

　働く意志を持ちながら職につけず日々の生業である所得も得られず失意のうちに日々を過ごすのはまことに不幸なことである。その人自身はもとより、家庭、社会、国家、どの観点から見ても損失この上ない。かつて英国のJ．M．ケインズはことさらに失業に焦点をあてて状況を子細に分析し、その具体的救済策を壮大なスケールで提言し今日なお経済分野の偉人として尊敬されている。失業をいかに防止するかは今も人類最大の課題であり永遠のテーマである。

　国際労働機関（ＩＬＯ）報告によると、2017年の世界の失業率は5．6％であり、失業者数は総計2億100万人であった。特に深刻なのは若年層で失業率は13．1％（2017年予測値）であり、7，090万人が失業中と推計されている。

我が国はほぼ完全雇用の状況

　我が国の完全失業率は、かつて40年間ほどの長きにわたり1ないし2％台という世界の平均水準からみて驚異的に低い状態で推移してきた。現在（2017年　ＩＬＯ国際比較統計）は、日本が2．8％（注 2019年1月現在では2．5％）であるのに対し、イタリア11．2％、フランス9．4％、米国4．4％、英国4．3％、ドイツ3．8％であり、各国対比でみても依然として非常に低い水準を維持している。日本経済は2000年代に入ると人口の増加が止まり労働力人口の絶対数が伸びなくなるので一転して特定な業種を中心にして人手不足に悩まされることになった。現在の失業は**摩擦的失業**、つまり労働需給のミスマッチに基づいている面が多分にある。摩擦的失業は、労働市場における仲介機関が求人、求職双方の側に質量ともにより充実した情報を提供して両者の要求を歩み寄らせる努力をしたり、職業訓練を施して求職側の適合力を高めるなど、工夫次第で減らすことが可能である。

　経済学が教えるところによれば、労働市場において常に2％程度の摩擦的失業の発生は不可避であるから日本は長いことほぼ完全雇用の状態にあったことになる。雇用こそ経済政策の最終目標の一つであるから我が国の実績は世界に誇ってよいと思う。問題があるとすると非正規労働者の増加によって労働人口の中味が待遇面等においてかなり劣化している点である。

第十九章「人」人口の歴史的転換点　　181

非製造業は雇用吸収力が高い

　ところで、我が国において雇用吸収力から考えると、「非」製造業の存在は製造業よりはるかに大きい。

　非製造業は雇用ということになると全労働力の7割強を占めている。つまり、製造業とサービス業とでは同額の付加価値が産出された場合、労働集約型である**サービス産業**の方が多くの人を雇用することができるのである。英国では当初すべての産業に光をあてて雇用増を図ったが，次第に雇用政策の重点を非製造業に絞り始めた。そしてビッグバン政策と呼ばれる個性的な政策を押し進め、金融・証券・保険業といった非製造業の振興を徹底して図った。その結果、ニューヨークと並んで世界的に著名なロンドン・シティー地区は蘇生し、膨大な労働力需要の掘り起こしに成功し、以後、他産業への波及効果などにより全国的な規模で失業率が低下した。それまでは10数％の失業率に悩まされ続けたが今日では4％台を維持している。

　いずれにしても、非製造業の雇用拡大が景気の好転から波及効果を呼び覚ます。

　我が国では現在就業総人口合計6，351万人（2014年）のうち、非製造業分野において、小売業・卸売業に1，059万人の従事者がおり、医療福祉に757万人、建設に505万人、サービス業397万人、宿泊・飲食サービス385万人、運輸業等に336万人、金融・保険に154万人が就業している。製造業全体の就業者数は1，032万人にとどまる（総務省統計局「日本の統計2016」）から、逆にこれら非製造業の雇用吸収のすそ野の広さに今後期待がかかるところである。他の先進国に比べると我が国の非製造業の比率はまだ相当低く、今後かなり吸収余力があるとみられている。

　そして、具体的に職業の需給のミスマッチについては我が国ではまだまだ求人の多い分野がたくさん存在しているのである。そうした分野に雇用が吸収されていく余地は十分にありそうである。今後の有望な産業としては、情報・通信、医療、介護その他の福祉関係、運輸、住宅関連、教育、文化などであるがいずれも非製造業の分野である。

182　　第十九章「人」人口の歴史的転換点

第二十章 「会社」
世界に雄飛していく日本企業

会社制度は冒険起業に由来

　今日では国民の所得や国富の源泉の多くは、ほかならぬ会社、すなわち企業部門であり、経済活動の源を成しているのは会社である。所得や富を創造するエンジンともいえる。

　会社とは何だろうか。さまざまな定義があり得るが、一つの定義は、消費者ないし利用者に必要な製品とサービスを提供する組織体のことである。

　歴史的に見て、会社の出発点は近世において、貿易船が新航海をするにあたっての出資である。当時イタリアの港町であるベニスやジェノバでは東洋貿易への航海で莫大な利益を上げていた。航海ごとに出資を募り、船が貴重な産品を積んで帰港すればそれらの積み荷がもたらす利益を出資者の間で分配していた。つまり、航海そのものが一回ごとに完結する冒険的起業ないし企業であったわけである。

　そうしたプロセスを一回ごとに終わらせるのではなく、連続して行うようになり、ゴーイング・コンサーン（継続を前提とする事業体）に仕立てたものが今日における株式会社である。1600年に東インド会社が創られたのがその始まりと言われている。株式会社の非凡なところは、生身の人間のほかに有限責任のみを負う法人格という架空の権利義務主体をこしらえたところにある。会社を人に見立てて法人という不思議な存在を編み出したのである。

　この理念の発明で経済は大いに活性化された。こう考えると会社とは利益を生み出すための組織でありそれへの創造的工夫である。その冒険的意義は今日もなお生きつづけている。

　我が国では、2006年のホリエモンのライブドア訴訟に際して、**会社とは理論的に誰のものか**と言う議論が沸き上がった。候補としては、株主のも

のという意見があり、いや社長などの経営者や従業員など役職員のものだという意見があった。このほかに債権者、周囲の関係者、さらには多数の利害関係者（ステイクホールダー）を含めたものだ、という意見、中小会社の場合にはオーナー経営者のものだというのが実感に近いという見解もあった。どうやら学問的に定説があるわけではないようである。

　米国では出資者の意に沿うように働くのが会社であると考えられるところから株価の維持ないし向上、配当の重視、役員や従業員が**株主の期待**にこたえているかどうかの監視ないしコンプライアンスなどが非常に重視されている。各国で活躍する舞台がグローバル化するとデファクト（事実上）的に世界の資本主義を先導している米国の考え方が普及することになり、我が国も含め各国とも米国の方向に向かって進んでいるように見受けられる。株主は出資者であるので経営を監視していく必要性がある。そのために経営を任された役職員は企業内容や企業成績を積極的に開示し投資家に投資の的確性が広く判断できるようにする努力は怠れない。デスクロージャー（企業内容等の開示）が重要である所以である。

　ただ、ひと口に「株主」といってもその中身は歴史とともに変質している。また、株主が、かつてのように長期間一つの会社に投資し続けるというのではなく、たとえば米国では株式の平均保有期間はわずか1年弱にすぎない。今日では主要株主は一般大衆の代理人である「機関投資家」に移り始めている。経営学者ピーター・ドラッカー教授はこれを「見えざる革命」とよび資本主義の巨大な変化の一角と位置づけている。

　また、会社の設立も我が国の例でいえば明治時代以来、国が会社設立に高いハードルを課し、法人の質をある程度保つという色彩が強かったのだが、その後漸次改変され、2005年の商法の大改正・会社法の制定以来、会社設立は「原則自由」の時代になっている。最低資本金（1千万円）制度は撤廃され、任意の金額に資本金を設定できる。設立に際してはこのほかに登録免許税15万円、定款認証料9万円、合計24万円あればよく、最低維持費用としては法人住民税の定額分7万円だけである。

　大会社になっている会社もはじめから現在の姿があったわけではない。皆、苦闘の創業期があった。任天堂のゲーム機は花札、カルタなど娯楽産業から出発しているし、京セラは、セラミックは清水焼の焼き物技術、電子部

品はお仏壇の精密金属加工、半導体は京都友禅染めの描写技術などに由来している。世界有数の自動車メーカーであるホンダはオートバイ製造からスタートして今日では乗用車はもとより航空機まで製造している。まさに会社とは「工夫」「企て」そのものであることを物語っている。

日本は会社が世界で大活躍している国

　外国人から見ると日本は「会社が世界で大活躍している国」のようである。ミツビシ、ユニクロ、ＹＫＫ、ニコン、トヨタ、ホンダ、パナソニック、ヒタチ、ソニー、コマツ、といった世界に冠たるブランドがきら星のように並んでいる。我が国会社の世界における存在は実に大きい。こういう状況は我が国の歴史上、現在が初めてのことだと思われる。たとえば一時期、世界各地の街で歩いていて人々の持ち歩く製品にはまさに日本製のものが溢れている状況だった。

　日本人は会社組織を実にうまく活用しながら経済を発展させてきた。団体活動を上手にこなす日本人にとって会社組織を通じての活動は得意技といえるかもしれない。

　独創的な製造工程で他国に水をあける精密機械産業、正確無比な製品を提供している電機産業、消費者の間で人気の高い製品を供給し続ける自動車産業、など、研究開発や優秀な人材に裏付けられた日本の会社は世界のなかで重きをなしている。

　直近年における日本の会社の全世界における各国会社販売額の位置づけ（木本書店「世界統計白書」2015〜16年版その他から作成））を見ると、乗用車ではトヨタ自動車が第1位、鉄鋼では新日鉄住金が第2位、情報通信機器では日立製作所が第4位、板ガラスでは旭硝子が第2位、ロボット生産ではヤマハ発動機が第1位、建設機械ではコマツが第2位、アルミ圧延では古河スカイが第4位、紙パルプでは王子製紙が5位、セメントでは太平洋セメントが5位など、大所の産業分野の世界会社販売額の上位に軒並み日本会社が名前を連ねている。

　そして、炭素繊維、鉄鋼、合成樹脂、カラーテレビ、カメラ、光学機械、造船、二輪車、腕時計、複写機、液晶表示装置、シリコン、リチウムイオン電池、電卓、家庭用テレビゲーム、ＣＤプレーヤー、ビデオテープレコ

ーダー、ニット用自動編み機など広い分野で日本の製品は世界をリードしているか、ないしは先頭グループを走っている。

トヨタ自動車、本田技研興業、パナソニック、ソニー、日立製作所、キャノン、ニコン、セイコーウオッチ、京セラ、富士フィルムなど数えきれないほどの日本の会社が各国の市場に向けて世界の消費者を魅惑する最優秀の商品を送り届けている。ピーター・ドラッカー教授は「米国が先端技術を生み出し、日本が先進製造法を確立した。」と表現した。たとえば、小型自動車であるミニバンという概念は米国人がつくったものだが、それを顧客に受け入れられるように製造して市場に送り出すにあたっては日本の会社の貢献度合いが非常に大きかった。

日本には工業品をつくり出すのに必要な物的資源が特に有るわけではない。日本の会社が注目されるのは、資源的に恵まれているとはいえないにもかかわらず、世界の消費者から支持される商品を供給し続けているという事実についてである。

日本の自動車への評価は世界の一、二を争う

日本の会社の高い国際競争力を示す代表例として自動車メーカーの事例を挙げたい。自動車ないし車という一つの商品は、鉄のボデー、ゴムのタイヤ、ガラスの窓、空調、音響装置などの付加装置などおよそ3万点の部品からなる総合製品であり、どこの国も例外なく世界市場を目指してしのぎを削っている産業分野であるので自動車でトップになるということはその国が全体としてとりもなおさず世界最高の産業レベルにあることを示している。優秀な車を効率よくつくり出す力というのはその国の生産面、経営面、営業面、創造性などの総合的な産業力を象徴的に示していると考えてよいと思う。その国の産業の国際競争力そのものを端的に表しているのである。

まず、米国市場については、コンシューマー・レポート誌(発行部数400万部)の2014年の自動車のブランドごとの信頼度ランキングでは、トヨタの高級車ブランド「レクサス」が第1位を占め、2位にトヨタの大衆向けブランド「トヨタ」、3位にホンダ「アキュラ」が選ばれ、トップテンのうち日本車

186　第二十章「会社」世界に雄飛していく日本企業

が実に7車を占めた（「コンシューマー・レポート「自動車特集号」2014」）。米国の2012年の新車販売シェアはＧＭ18％、フォード15％、クライスラ11％であり米国ビッグスリーは合計で45％であるのに対して日本車は37％、欧州車9％であり（マークラインズ「自動車販売台数速報　米国」2013）、日本車が米国の消費者に熱く支持されていることが分かる。

　また、欧州では、2012年にＪＤパワー＆アソシエイツ社が実施したドイツ自動車顧客満足度調査（1万6千人が対象）ではドイツで販売される世界の79車種についてトップテンのうち日本から第2位トヨタ、3位三菱、4位マツダと3車が占めた。ちなみに第1位はメルセデス・ベンツだった（「Ｊ．Ｄ．パワーレポート2012」）。

　資本主義の駆動力は**イノベーション**である。それは「相互作用に基づく継続的な技術革新、つまり技術面における進歩」を意味している。その過程で形成され、蓄積されていく情報、知識が成長の源泉になる。究極的には会社が生み出す新商品、新産出方法、新市場、新組織ないしシステムに基づく経済的進化を導くメカニズムである。このメカニズムを最良な形で確保している会社が繁栄し、そうした会社を多く抱える国が経済的に栄えるのである。

オートメーション化に強み

　日本で特徴的なこととしてオートメーション化を取り上げておきたい。我が国は1960年代から工場にオートメーションを大規模に取り入れはじめ、70年代にはこれが全国に大方普及し、コストの大幅な削減が実現した。また、エレクトロニックスの応用による情報、通信システムを広範囲に採用し、管理業務、輸送、在庫管理など数々の分野でコストの低減が図られた。現在では産業活動における事業展開がネットワーク・システムの下で行われている。

　オートメーション化の象徴という意味で**ロボット**の例を挙げておきたい。ロボットとは人間の各機能を代替する自動化機械のことである。数値制御によって意のままに動くロボット化した生産ラインはよく知られた工場風景である。日本はこのロボット化を大規模に推進したはじめての国である。

2011年に稼働中の産業用ロボット総数は全世界で115万台であるがそのうち日本は30万台であり26％を占めている。次いで北米18万台、ドイツ15万台、以下韓国12万台の順である。またフローの数字でも日本産業のロボット導入における先駆的地位は最近でもそれほど変化していない（経済産業省「2012年ロボット産業の市場動向」）。

　強調したいのは日本ではロボット化は日本の生産ラインにいる従業員からの提案が基礎になって作られたという点である。彼らは自分の仕事を熟知しているので「その仕事のここの部分が機械化できる。」、という提案を行う。それが上層部に上げられて検討され、多くの技術者が参加して最後にはロボットによる代替にまでたどりつく。こうした成果はトップダウンの意思決定ではなかなか得ることが難しい。坂村健東大教授等は、すでに二十世紀の時点で、いずれ「何時でも、どこでも、何でも、誰でも」コンピュータ・ネットワークにつながる**ユビキタス社会**が到来すること予言し、それへの具体的な見取り図を世界に向けて提示してきた。この予言は今日、ＩｏＴ（Ｉｎｔｅｒｎｅｔ　ｏｆ　Ｔｈｉｎｇｓ）の形で見事に実現しつつある。

　現代はハードウェア機能を競う時代から、デジタル化、ＡＩ（人工頭脳）、ビッグデータ処理などを大胆に導入して、きめ細かく顧客にとって価値のある体験（ｅｘｐｅｒｉｅｎｃｅ）を提供するコトづくりを競う局面に入ってきているが、ここでも、日本の企業は各方面において世界においてトップグループを走っている。

納期の遵守　　トヨタの「カンバン方式」はその精華

　長所の二番目が配送すなわち納期限の遵守である。

　日本人にとってそれはなんでもないようにみえることなのだかたとえば新幹線をはじめとする鉄道、バスなどが時刻表どおりにぴたりと運行している姿などは欧米やアジア各国にとってとても人間業とは思えない驚異的な話なのである。

　日本ではたとえば、トヨタの「**カンバン方式**」が一つの典型を示している。トヨタ自動車がカンバン方式を取り入れたのは1975年頃であり、各種の改良が重ねられて現在に至っている。もはや世界にとって伝説的な話に

なっている。それはあらゆるものを「ジャスト・イン・タイム」に生産することを目指すものである。この仕組みの凄さは必要な量を必要なときにまさにジャスト・イン・タイムで現場に部品等を運び込むことを基本理念にしている点である。かならず納期が守られるのであれば齟齬に備えての在庫を予め持つ必要性が極めて小さくなる。そうなれば余分な仕事は減るしコストも節減できる。作業には緊張感が維持され効率も飛躍的に上がる。

トヨタは試行錯誤の結果、工程の運用に成功し、原材料、半製品、製品ともに在庫をゼロにすることに限りなく近い状況を実現している。定時に定量の部品を直接生産現場であるベルトコンベアーの横に搬入させるという理念が実施されているのである。搬入時刻が一定時間ごとに設定されているから、部品を積載したトラックが路上を**「動く在庫」**の形でシステム的に正確に走行している。倉庫の建設コストを他（道路管理者）に転嫁している形ともいえる。これにより、部品倉庫や部品在庫の購入管理にかかるコストを大幅に削減することに成功した。カンバン方式は従業員自らの自己努力の積み重ねを基本にしており現場の従業員自らが改善できるという柔軟さを併せもっていた。

現在は、このカンバン方式の物流管理シスシムが1990年半ばよりコンピュータ化され、オンライン発注に切り換えられている。つまり、その大部分が電子発注の仕組みとなっている。

日本会社と外国の会社とでは現在もなおかなり異なる

ここで、海外の会社との対称性から我が国の労働・勤務慣行の特徴について述べておきたい。

上記のような我が国会社の強みの背景にはよく知られているように**長期雇用制度**があるし、賃金や昇進において年功を重視する慣行があるように思われる。会社別組合制度もよく例に挙げられる。ただし、各国の制度をよく調べていくと名前こそ我が国の慣行と異なっているものの実際の運用はさほど異ならないという事例もあるので注意を要する。もっとも米国ないし米国系会社は移民社会の伝統から日本とはかなり異なっている。

長期雇用制とは、学業を終え会社に就職したあとかなり長期にわたり一

つの会社ないし会社グループで勤務し続けるという就業形態である。日本の会社の9割が採用しているといわれ、大会社に限れば100％に近い。そのメリットは従業員にとっては突然の解雇の心配がなく長期の生活設計ができることである。また、会社にとっては優秀な労働力を長期にわたって確保することができ、従業員の会社に対する忠誠心を当てにすることができる。穏やかな労使関係を生み、会社内に技術やノウハウが蓄積する。教育投資も十分な採算を生む。

　他方、デメリットは、会社にとって不況期に労働コストの削減や解雇ができにくく労働コストが重くのしかかってくる。後述の第二十二章（国際競争力の章）でも触れるように日本企業の短所として指摘されている。

　長期雇用制には雇用の安定とともに従業員にとって所得の安定も得られやすい。それが会社への忠誠心や技術革新へとつながるわけである。この雇用制度は従業員が一定の仕事に長期間従事することを意味しない。会社のなかでの配置転換、人事異動はかなり頻繁に行なわれ、各従業員が会社の目指す方向に向けて常に会社利益を一番もたらす部署に引きつけられ、吸収される仕組みになっている。

　日本が長期雇用制度であるのに対して米国では雇用は定期的に行なわれるのではなく臨時ポストの空きに応じて随時行なわれる。労働の流動性も高い。供給側の都合で解雇（レイオフ）されることも随時ある。

　人事管理は日本では人事部が全社的な観点から実施するのに対し、米国では会社トップみずからの意向に基づき行なわれ、抜擢、降格、左遷などはごく日常的に行なわれる。人事方式が日本がローテーション方式なのに対して米国ではローテーションは原則として無い。日本では人事管理は全社的に人事権を掌握した人事部が存在し、計画的組織運営を行なっている。従業員に異なる職場、職種を経験させ、それと並行して昇進させるローテーション方式である。この方式の狙いは幅の広い人的ネットワークの形成と職場の状況把握の会得にある。

　昇進・賃金は、日本では勤続年数や経験年数を基準にしつつ能力主義を加味して決められるのに対して米国は職務別で徹底した能力主義をとっている。成功すれば報酬は大幅に増加する一方、失敗すれば左遷、解職の憂き目をみる。

社長などの経営トップの報酬が自社の平均的な従業員の何倍かを示す「ペイ・レシオ」は、日米企業の同業者間で比較するとたとえば電機では米国ＧＥが157倍に対して日立製作所は25倍、自動車ではＧＭが295倍に対してトヨタは38倍、金融ではＪＰモルガン・チェースが364倍に対して三菱ＵＦＪフィナンシャル・グループが14倍となっている（日本経済新聞（2018年5月13日朝刊記事））。米国ではごく一部の成功者に所得や富が集中する「一人勝ち」現象が社会全体を支配している。一人勝ちで得る巨万の富が人々にアメリカン・ドリームを育むわけである。しかし、日本の会社はそのような道を選ばなかった。

　日本の慣行は賃金や地位の序列の逆転をできるだけ避けようとする配慮が働く。しかしこれを能力主義と対置して考えるのは誤りである。年功重視の慣行は実際に年功を基準として、時間をかけながら、結局然るべき能力のある人を然るべき地位につける一種の能力主義をとっているともいえる。その給与面の格差が欧米会社に比べて控え目であるに過ぎない。

　日本は**ジェネラリスト志向**であるのに対して、米国はスペシャリスト志向である。また、日本では、従業員各自に対して様々な仕事を与えそれぞれの職場でこれをこなすことにより経験や能力を磨くという**オンザ・ジョブ・トレーニング**が広く行なわれている。広い経験を積ませ、現場での日常や構造への理解と様々な変化への対応可能な応用力を身につけさせる熟練形成を行なう。この結果、現場が、ある種の裁量権、つまり、ひとの配置、作業方法といった側面で実際上の権限をもつことになる。いわゆる現場重視である。この現場重視主義こそ、日本会社社会の基盤を形成し、高い生産技術の基礎をなしてきた。

　しかし、今日では、こうした日本経営の特徴が必ずしも常には日本優位の状況を作り出していないことを強調しておきたい。むしろ足枷になりつつあるとの指摘が絶えないところである。率直に言って、世界中が日本の製造業の生産方式を急速に取り込んでいまや追いつき追い越せの勢いになっており、日本の会社の優位性は確実に揺らいでいる。むしろ欧米やアジアの経営者の強い「リーダーシップ」による経営革新、効率化が日本の内外でも注目を集めている状況にある。

　少なくとも「ジャパン・アズ・ナンバーワン」の時代はとっくに終わっ

第二十章「会社」世界に雄飛していく日本企業　　191

ており、現在はデジタル化、ＩＴ化に主導されて世界中のすべての優良企業が激烈な各国競争の荒波のなかにあるといっても過言ではない。

第二十一章 「国家」
安寧秩序に非凡な実績

国家を構成する三要素

　現在、国家の数は世界総計では195（2016年現在、日本政府が承認している国の数）を数え、世界のあらゆる動きの基本をなす存在である。

　現代において「国家」とは一定の領土を有し、その上に生存する人々（すなわち国民）に対して、他の干渉を許さない排他的支配を行う統治組織体である。多くの国では人は原則として一つの国籍しか許されず、出生地ないし両親の国籍によって受動的に決まる。帰化とか国籍離脱などは可能だが厳格な手続きを経なければならない。個々の「国民」はほぼ受動的に一定の国に属することになり、運命共同体の一員になる、といいかえることもできる。

　そして、国家の国民に対する排他的支配は、国民一人一人に対して、また、総体としての国民に対して及ぼされると同時に、国家は国民に対して専属的な責任を負うことを意味している。

　国家の基本は、①国民、②領土・領海・領空、③統治組織、の三つの要素から成り立っている。これに加えて、主権、独立等を挙げる説もある。主権とは国家の意思や政治のあり方を最終的に決定する権利であり、独立権と同じとされている。主権等を統治組織そのものの構成要素として考えるか、これとは別に特に重要な要素と見て外（そと）出しにするかという扱いの違いによるものである。

とてつもない生みの苦しみの中から生まれた近代国家の仕組み

　世界史的に見ると、現在の、国家を主体とする国際秩序は1648年の**ウエストファリア条約**によって形づくられた。同条約は、欧州大陸を舞台としてそれまで延々と続けられてきた諸王家間の「三十年戦争」を終結させるために、国家とは何か、国境はどのように定められるべきかなどが喧々諤々

と議論される過程で「国家」の国際法上の概念ができあがったものである。それまでは統治機構体として人々は宗教と政治権力という聖・俗二つの勢力による複雑な支配の下にあったが、同条約によってはじめて教会（ローマ教皇）がバチカン領域を越えて政治的権威を行使することが禁止された。つまりローマ教皇に象徴される宗教の、政治権力に対する優越性が全面的に否定され、国家が、国境内の最高の主権・権力であることが承認されたのである。この事実から分かることは人類が統治機構から宗教の力を排除するのに1千年余を要したということである。

　そして、ウエストファリア条約によって**国家主権**について、① 相互に承認し合うことによって国家として認知される原則、② 他国や他の権力による内政不干渉（内政問題には干渉しない）の原則、③ 国家の同意なしには国家は国際法上の義務を負うことはないとする原則、など「国家」についての基本的枠組みが定められた。しかし、この時点では君主や封建勢力が依然として国家を支配していた。

　理念としての国家概念が案出されたものの、それが絶対王政、貴族などの封建勢力による支配から国民主権による国家統治への転換、つまりは近代的な国民国家として完成するためにはさらに130年の歳月を待たなければならなかった。1789年、フランス・ブルボン王朝による圧政に対してフランスの民衆が蜂起しパリ郊外にあるバスティーユ政治犯収容所を襲撃し政治犯を実力で解放した。**フランス革命**の勃発である。この直截な事件を契機として欧州各地で王権が崩壊し、まさに産みの苦しみともいうべき過程を経て、忽然として国民による政治支配が民衆の実の力によって実現したのである。

　フランス革命が生み出したものは何か。それは国家という抽象的存在と国民との間に存在していた王家とか貴族階級などの中間組織を排除して、国家と国民とを直接結びつける役割を果たしたという点にある。国民が自分の生活を守るためには王権や貴族階級といった支配者などの夾雑物は不要であるということに気がついたともいえる。統治が必要だとすればそれは国民の代表ないし代理といった国民自身で十分だという理念に到着し、今日に至っている。

　近代国家には二つの面がある。それは合理的な法治組織であるとともに

情緒的共同体である。後者は共通の言語、文化、風習などを踏まえて利害を共にすることによって同胞とともにその国土を守ろう、育もうという感情、いいかえれば愛国心のような信条的なものを共有している場合が多い。したがって、国というのは突き詰めていけば人々の「ルーツは同じだ。まとまって生活し、行動して行こう。」という願望によって存在するものなのである。逆に言えば、このような願望のない所に国家は存在しない。それは国という名前はともかくとして実質的には単なる地域にすぎないのである。

　最近、内戦が続くシリアやイラクの**難民**が数百万人という数に上っておりその実情が放映されている。「難民（ｒｅｆｕｇｅｅｓ）」とは祖国、すなわち国を追われ、他国に放浪する家族等の一団を指す。着の身着のままで焼け出され、小さい子供の手を引いて歩く難民たちの姿が人間の悲惨さの全てを物語っている。この悲劇は「国家の庇護」を一挙に失うとどれほどのことになるかを端的に示している。国家は空気みたいなもので平常時にはその有り難さや機能はなかなか分かりにくいものだが、国家を失う事態になるとかけがえのない存在であることが痛切に感じられるのだと思う。難民という国家を持たない存在との対比から出発すると「国家」の意義は理解しやすくなる。

国家の役割強制力と民主主義の理念

　国家は一定の制約を人々に許容させる強制力をもつ存在であることを特徴としている。たとえば、ルールだけが必要ということであれば「メートル法」や「国際慣習」などがあればよく、国家は要しない。しかし、ルールを施行させる強制力が必要ということになるとそのルールの背後に権力の存在が不可欠となり、その最も合理的なものが国家、ということになる。国家は統治権の一環として、道徳を含めた教育、情報の伝達、警察、軍隊等の自衛力、刑務所等の物理的手段を持つので強力な強制力を有している。このような強制力は国家の特徴でもある。国家は教育、行政を行う場合には権力によって国民に強制するとともにこれに反するものには制裁などの刑罰を科する権限を行使し、国家の意思を貫徹させる。

それだけに国家によって強制力が間違った方向に行使されると国民にとってまことに酷いことになる。

国家権力が正しく行使されるための基盤をなすものが**民主主義**の理念である。民主主義とは、国民が政府に統治権を認める一方、その政府は「人民の、人民による、人民のための政府」でなければならないとする考え方である。国民が統治を受ける側であるとともに統治する側でもあるという非凡な考え方である。

民主主義は、(一) 国民に主権が存するという国民主権の理念、(二) 立法・行政・司法の三権分立に代表される権力分立の考え方、(三) 国民が投票によって自らの代表者を選ぶという代議制、(四) 国民の間における政治的平等の確保、(五) 政府による基本的人権の保障、などの基本理念により構築されている。

かつて英国で何度か総選挙で苦杯をなめた大政治家ウインストン・チャーチルは、移ろいやすい選挙の民意を皮肉りつつ「民主主義は最悪の制度だ。しかし、それ以外の制度はもっと悪い。」と妙な褒め方をしている。

国家は変容を遂げる

国家とは以上のようなものだがそれはアメーバーのようにさまざまに形態を変化させていく。

そこで、観点を大きく変えて、今日、国家が変容していく現象について述べておこう。

1980年代後半における冷戦構造の崩壊、やさしくいえばソ連をはじめとする共産主義圏の崩壊、および米国をはじめとする自由主義圏への世界の一元化の動きは歴史的にも大きな事件だった。それを確認するような形で、今日の世界では次の六つの巨大潮流を検出することができる。

その**第一**は国家における**イデオロギーの後退**である。イデオロギーというのは平たくいえば「社会とか国家とか、あるいは世の中というのはこういうものだ。」という統一的な理念、世界観、歴史観、をいう。

冷戦崩壊後、世界の人々はイデオロギーを国家から押しつけられること

196　　第二十一章「国家」安寧秩序に非凡な実績

にはっきりとした拒絶反応を示し、より自由で、束縛されず個性が発揮できる方向を模索するようになった。それが自由主義であり、国家というよりも市場による導きに従う、実利主義（プラグマティズム）ともいえる経済重視の考え方の台頭である。現実的で、個性的かつ身近にある「個々の豊かな生活」への希求を基軸にして組み立てられている。

　第二は各国経済が国境で区切られた形で動くというのではなく、国境を容易に越えて溶け合い、一気に世界経済という一つの単位に集約化されていく過程に進みつつあるように見受けられる。

　いわゆるボーダーレス化（国境の意味が薄れつつある社会）による「**グローバル化」現象**を呈している。ここでグローバルとは原語のどおり「グローブ（地球）化（国家を越えて地球という座標軸で物事が動く）」という意味である。

　旧共産圏諸国や発展途上国が世界の市場経済に直接に参入し、経済は明らかに世界単一市場を目指して動き出した。グローバル化は長期的視点から見れば経済的には既存の国家的枠組みが一部解体し、代わってより規模の大きな新しい枠組みが創出される過程と見なすことができる。その特色はコンピュータ・ネットワークによる相互接続である。

　世界各地で国や地域の連携が進み、国を概念づける一番大切な要素である国境という壁は格段に低いものとなって行った。

　経済のグローバル化は今に始まったことではない。シルクロードや大航海時代など物質的な豊かさを追い求める人間の欲望は常にグローバル化の方向に向かっていたともいえる。社会・経済は自らの論理でグローバル化していくのである。

　第三に、世界の政治・経済・社会面における**多極化現象**が急速に強まっている。

　米国トランプ大統領が機会あるごとに標榜し始めた「ＡｍｅｒｉｃａＦｉｒｓｔ」で明らかなどおり、これまで世界をパターナリステック（父権的参画）な形で牽引してきた米国が経済・社会における相対的地位の低下を背景にして一転して自国利益優先を基本路線にしていく姿勢を鮮明にしはじめている。長く続いた米国の世界における一極体制は実質的に崩れ、その一方で、習近平政権の下での中国の急速な台頭、プーチン・長期政権の下でのロシアの国際政治・軍事面における復権、欧州諸国のＥＵの下での結

第二十一章「国家」安寧秩序に非凡な実績　　197

合、経済面での著しい台頭に伴うアジアの比重の高まり、などにより世界を動かす中心軸がここにきて一挙に多極化している。

　第四に、宗教や民族の違いに起因する紛争が各地で多発する状況になった。

　ユダヤ人国家であるイスラエルと周辺のアラブ人国家との争いは力のある調停者不在のなかでいまや泥沼化した状態に陥っている。また、中東・イラク、シリア、イェーメン等の地域において対ＩＳ（「イスラム国家」）をはじめとする複雑な要因を孕んだ戦闘、同じイスラム教徒であるスンニ派とシーア派との間における宿命的軋轢、アフガニスタンにおける国家とタリバンとの紛争、などによりすでにおびただしい人命（はっきりした統計は存在しない。）が失われ、数百万人に及ぶ避難民が世界を流浪している。

　世界的・歴史的に鳥瞰すると、悲しいことだが、現代はもはや「平和な時代」ではなく「平和と戦争とが混在する時代」となっている。その主役は常に、「国家」である。

　第五は地域分権主義の動きである。

　20世紀末に広がったグローバル化の流れは各国、各地域間の距離を越えての交流がすさまじい勢いで進んだ結果、ある意味で国境によって画されてきた各国の個性ある国民経済が画一化、没個性化していく道でもあった。そこで人々の間に没個性化の方向に反発して改めて差異や個性を求めたいという動機が頭をもたげてきた。

　たとえば、英国における最近の動向は大変興味深いものがある。スコットランドでは住民が英国からの独立を主張して2014年9月18日に独立の是非を問う公式の住民投票が行われた。英国政府が懸命に慰留工作を行った結果、選挙結果は45％対55％で辛くも独立は認められなかった。

　このような地域分権主義の動きは他の国でもかなり見受けられる。カナダではフランス語使用者の多いケベック州、スペインでは歴史的に自主性が強いカタルーニャ地方、中国では新疆及びチベット地区、ベルギーでは言語等に起因する南北問題など、世界各地で国に対して主権ないしそれに近いものを主張する動きがみられる。

　地域分権主義の台頭はともすれば民族主義の台頭との区別がつきにくい面があり、これが新しい動きなのか古い動きの復活なのか、歴史的判断に

迷うところである。いずれにしても大変センシティブな問題であり注視を
要するものの他国人にとって慎重な配慮が必要である。遠い昔、アリスト
テレスは「人間は本来政治的（ポリティカル）な動物である。」と述べている。
人間は何かの共通項（コミュニティー、つまり社会）によってくくられていたいと
いう本能的な欲求を持っている。合理性が勝ってすべてが普遍化していく
中で実は別の括りによる新しい結束が進行しているのである。

　第六として国家間の経済統合の動きである。欧州連合（ＥＵ）はその典型
である。英国のＥＵ離脱の動きや北米自由貿易地域協定（ＮＡＦＴＡ）の組替
えなどにみられるように未だに試行錯誤の過程にあるように見受けられる
が21世紀における大きな流れの一つであることには違いない。

　アジアでも2018年末に日本が参加する**環太平洋戦略的経済連携協定**（ＴＰ
Ｐ）が発効した。日本の歴史にとっても新しい一頁を画することになるだろ
う。ＴＰＰは今後、米国が参加するか否かでその世界における重みが非常
に違ったものになるので、今後の米国の動向が注目される。

　世界経済がボーダレス（国境がない）の方向に向かっているのに対して地域
が結束を強め経済統合に動くのは一見矛盾するように見えるがそうではな
く、ボーダレス化と地域化とは並行して起こるのである。それはグローバ
ル化の大海原の波間に一国で放り出されるのでは経済がもたないという事
態に対応している。

経済体制問題
共産主義・計画経済と資本主義・自由経済の問題点

　経済体制、すなわち資本主義・自由経済体制と共産主義・計画経済体制
のいずれが是かという問題は国家に固有の大きな問題であり、国家という
単位でしか明確に取り扱うことはできない。世界の冷戦構造が崩壊し、「体
制」論はいまや風化したかに見えるが、国家とは何かを考える際に経済体
制論というのは今日でもなお、一度は突き詰めて考えておかなければなら
ない極めて重要なテーマだと思う。

第二十一章　「国家」安寧秩序に非凡な実績　　199

ルーマニアにおける見聞

　私は共産主義が30〜40年続いたルーマニアに1996年12月から1999年12月までの3年間、家族とともに在任し生活をしてきた。日本人としては希有な経験だったと思う。人民が蜂起するなかでチャウシェスク大統領夫妻が共産党本部の建物からヘリコプターで脱出を図った後、隠匿していた財産を手にするために立ち寄った寒村で見つけられて翌日銃殺されたあの有名な事件からすでに7年を経過したあとの赴任だったが当時の生々しい雰囲気の余韻のようなものは依然として残っていた。

　私なりに資本主義市場経済と共産主義計画経済との違いを端的にいうと、資本主義市場経済は消費者が出発点になり、消費者の動向が企業の生産活動を引っ張る、いわば「**プル（PULL）**」方式であると思う。これに対して共産主義計画経済は計画側、生産者側が消費者に向かって商品・サービスを押していくいわば「**プッシュ（PUSH）**」方式であると考えれば分かりやすいと思う。財貨サービスの流れを最終消費者側から引っ張り込む力が働くか、供給者側が手車を押していくように財貨サービスを消費者に押し込むかの手法の違いである。

　共産主義経済ないし社会主義経済は市場よりも国家が前面に出てくる。国家という機能を国は国民に強烈に印象づける仕組みなのである。諸活動を国民の自由に委ねずに国家が消費・サービス市場、雇用市場、金融市場などありとあらゆる市場において需要と供給を計画しその計画のもとで運用していくわけである。たとえば、生活必需品の価格は低く据え置き国民が生活しやすいように工夫されている。雇用であれば完全雇用を計画しそれを実行する。私的な企業活動は認めず原則として国有企業などの公有企業が企業活動の全てを担うことになる。

　これらの仕組みは1929年の大恐慌前後の資本主義の行き詰まりを目の当たりにしてその強い反省のなかから生まれたものである。

共産主義・計画経済体制の論点

　1970年代まで自由経済陣営に並走して世界経済の一角に踏みとどまってきた共産主義・計画経済は経済の多様化や怒濤のような消費者の不満の高

まりを前にして急速に力を失って行った。計画経済のなかに自由を抑圧する仕組みが組み込まれていたということが重要な論点である。自由がなければ創造性は育たない。競争心が萎えて依存心が強くなってしまう。

徹底した計画経済を採用した場合には二つの段階で不確実性が増す。

その一つは**立案の段階**での不確実性である。担当者が実情を知らずに計画を策定する可能性が往々にしてある。人間は全知全能ではなく、計画は科学的な装いをこらしているものの所詮人間の予測に過ぎない。精緻を極めれば極めるほど逆に綻びが出てくる。万物の価格について計画当局による個別の正当な価格設定などはもともと無理であった。

第二は**実施の過程**での不確実性である。計画は上部の計画機関からすれば必ず達成されなければならない。そこで目的達成に向けて壮大な多方面の無理（ノルマ）が重ねられていった。過剰達成は計画そのものが不適切だった証左になるのでよいこととはされていない。結局、需要に見合った弾力的な供給体制はとれないことになる。そして、企業の指導者や労働者は倒産・失業から庇護されているので漸次上部からの命令に依存する体質に染まっていく。行き過ぎた平等主義が蔓延し人々はやる気を失っていく。

供給側の論理としては巨大工場、巨大製造組織の方が計画を指令しやすいので供給寡占の道を辿りやすい。その結果、組織に柔軟性がなくなり全てが硬直化していく。このシステムでは店の前に消費者が長いい行列をつくることなどは日常茶飯事となる。巨大供給組織は傲慢になりやすく、消費者の嗜好は無視される。なるべく現有既存施設で対応しようとする機運が蔓延し、設備投資が軽視される。科学や技術進歩が積極的に経済活動に生かされなくなる。計画経済は自発的な技術革新への誘引を欠く仕組みだったのである。

機械設備等の生産手段は公有なので資金供給のインセンティブは働かない。設備投資の資金は中央銀行の信用創造によって賄われる。このシステムは過剰流動性に陥りやすい。

一方、資本主義・自由経済体制は決して奢ってはならない

一方、資本主義・自由経済体制も幾多の問題点を抱えている。

資本主義・自由経済の最大のアキレス腱は、競争を全面に押し出す結果、人々の間で勝者と敗者との差異が際立ち、自ずと所得や生活水準、富等の点で不平等になる性向を有していることである。市場経済に身を任せると弱肉強食が起こり強者や勝者が勝手気ままに振る舞い不平等を蔓延させる。それは社会から活気を奪い、競争を少なくして社会の停滞を招く。つまり、競争を推し進めればいつしか逆に競争の少ない社会（寡占や独占）になってしまう、という自己矛盾を孕んでいる。これを克服するために富者に重い税金を課したり、独占禁止法の活用や政府の介入、強権発動などがあるわけだがあまりそれらに依存しすぎると市場を歪めるおそれも大きくその効果には多々問題があるといわれている。

　リーマンショックの折りには資本主義・自由経済体制の行き過ぎが反省材料になった。共産主義・計画経済体制に勝利した資本主義・自由経済体制はまだ万全とはいえず試行錯誤の過程にある。資本主義の欠点部分を地道に矯正しながらあくまでも資本主義そのものの道を進んでいくのが現在の世界の趨勢である。

　資本主義自由経済体制は決して奢ってはならない

極めて重要な視点　　所得格差

　それでは我が国の所得格差はどの程度の水準なのだろうか。所得格差がひどくなれば社会ひいては国家は必ず不安定になる。人々の不満はいやが上にも高まるからである。国家がうまく機能しているかどうかの重要な岐路はこの点にかかっている。

　所得格差を示す国際統計は各種あるが、ここでは、国際連合が発表する**貧・富比（両端20%）統計**（統計公表時点2007年1月）で見ていくことにしたい。

　この統計は各国の所得格差の状況の比較を、各国において全世帯を所得の大きさで5階級に分類し、最富裕層（5分位のうち最上の階層）と最貧困層（5分位のうち最下の階層）のそれぞれの平均の所得の比率（倍数）を算出してその計数で各国別の所得格差の状況を見ていこうとするものである。

　この統計（「最富裕層の平均所得」÷「最貧困層の平均所得」、によって得られる倍率）では、日本は3.4倍であり、米国の8.4倍、英国の7.2倍、ドイツ4.3倍、フ

ランス5．6倍よりも低い、つまり所得格差のない国という結果になっている。概して新興国は高く、ブラジル23．7倍、中国10．7倍である。福祉国家であり人々の間で平等が進んでいるといわれる北欧ではノルウェーが3．9倍、スウェーデンが4倍などであり日本より高くなっている。この統計によれば日本は世界でも所得格差の少ない国として位置づけられている。通常、活力ある社会は、健全な中産階級によって維持さているといわれるが、大都市における土地・住宅所有の実情を別にすれば、日本社会はほぼ問題のない状況にあると言える。現在までのところ日本は概していえば極端な富裕階級もいなければ極端な貧困階級も存在しない国である。

　しかし、貧富の格差の程度を計測する別の有力な指標である**ジニ係数**（係数が大きいほど格差社会の度合いが高いことを示す。）の時系列（日本統計協会編「統計で見る日本2018」）をみると過去25年間で、住宅宅地資産項目ではさすがに低下（1989年0．68→2014年0．565）しているものの依然として非常に高い水準（不平等が著しい水準）にある。

　ジニ計数は貯蓄残高項目では上昇（1989年0．563→2014年0．579を）示し、また、年間収入項目も一貫して上昇基調（1989年0．293→2014年0．314）にある。将来を見通すと「日本は平等社会である。」という特徴が計数面で徐々に薄れ始めていることが伺える。資産項目は概してジニ係数が大きく出やすいものであるが、それにしても0．5以上という係数は絶対水準としてかなり大きいということを付言しておきたい。識者から、日本社会全体に関して、「格差が拡大しているのではないか」との指摘が絶えないところである。

　ところで、我が国の「生活の程度」についての意識調査よると「現在の生活水準は世間一般から見て、どれに入ると思いますか。」との問いに対して、「上」と答えた人は1．3％、「中の上」17．7％、「中の中」54．9％、「中の下」23．9％、「下」2．1％、その他となっており、**中流意識**をもつ人々の割合が全体の96．5％となっている（公共法人ハイライフ研究所「都市生活者意識調査」2012）。

　ちなみに米国では「上」0．9％、「中の上」26．4％、「中の中」33．0％、「中の下」28．3％、「下」6．0％、「わからない」11．4％という回答結果（電通総研「世界主要国価値観データブック2005～6」2008年」）になっている。

　各国にあっても、最近、国民のなかに中産階級への帰属意識を持つもの

第二十一章「国家」安寧秩序に非凡な実績　　203

の割合が増えてきているが、我が国は「中の中」と答える人が目立つ中産階級意識をもつ層を分厚く持った社会ということができる。しかし、その、「中流意識」も漸次「意識」ないし「期待」にとどまり、そうした意識を支える生活実態そのものは劣化しているのではないかとの指摘が絶えないところである。

　貧富の差が大きくなると人々はいくら働いてもその労働の成果が国民の間で一握りでしかない大会社や富裕階級に吸い上げられてしまい、その国に属していることへの感謝の気持ち、属していることへの誇りを持つことが難しくなる。

安寧秩序の維持は国家にとって極めて大きな責務

　最後に、国家が国民から求められている最も大きな役割として安寧秩序の維持がある。治安の維持という言葉の方が一般的かもしれないが「治安」という言葉にはやや官憲的な暗いイメージがつきまとうので使用を憚った。安寧秩序の維持は個人や企業等の私的な活動主体だけではなかなかやり遂げることのできない分野であるし、どの国の国民にとっても非常に切実な問題である。

　私は、ヨーロッパや米国の大都市、アジア・アフリカ、ラテンアメリカなどの諸都市を訪問する過程で、街の真ん中に位置する公園ですら昼間一人で歩くのは危険なので勧められない、とのアドバイスを受けることが多々あった。住宅地の住民は強盗、強奪の類いへの備えはおさおさ怠れない。車の盗難も非常に多い。

　一方、幸いなことに、我が国の状態は各国比較でみると相対的に極めて落ち着いた、秩序ある水準を維持している。

　我が国の**平成30年版犯罪白書**（法務省法務総合研究所）によると2015年の数字では凶悪犯を代表する殺人件数では人口10万人あたり米国の5．0件、フランス1．6件、ドイツ0．8件、に対して日本はわずかに0．3件であり、米国に比べて17分の1、欧州主要国に比べても5分の1〜3分の1程度である。窃盗では同じく人口10万人あたり、米国2，498件、フランス2，758件、ドイツ2，

273件に対して日本は427である。強盗、性犯罪においても我が国は他の主要国に比べて極端に低い発生率を示している。

日本のよさの要因

　日本の安寧秩序面でのよさの原因はどこにあるのだろうか。我が国が世界の中で最も安全な国のグループに属し続けたのにはいくつかの理由がある。

　その**第一は国民性**。

　戦後まもなく日本の国民性などを調査したルース・ベネディクト女史は、今日もなお日本人の特性を語る著作として国際的に評価の高い「菊と刀」の中で、日本人は「美を愛し、俳優や芸術家を尊敬し、菊作りに秘術を尽くす」と同時に「武士には何よりも戦場における武勇が重んじられたものの、大切なことは、それと同時に、（日常生活においては）秩序を維持する者としての自覚から、粗暴な行為を明確に否定し、礼節をこの上なく尊んだ。」と指摘している。その気風が家庭における子弟への躾（しつけ）などにも広がり、秩序や礼節を骨太に維持する国民性が形づくられていったのである。

　第二に、我が国では人々は**銃や剣、麻薬**といった物騒なものを身近に所有していない。我が国ではこれらの自由所持は認められていない。各国では銃による殺人事件が実に多い。

　米国では一部の州の例外を除き個人による銃の所有が認められており、銃を使った凶悪犯罪が多発している。銃により殺害された人数は年間3万人に及ぶ（米国大統領選挙におけるヒラリー・クリントン候補の指摘）。米国の多くの州で家庭による銃の所有が法律で認められているのは、それだけ日常、強盗や強姦などの危険にさらされており銃によって自らを守らざるを得ないという受け身的な理由によるものでもある。

　また、我が国において覚醒剤、大麻、ヘロイン、コカイン、ＬＳＤ、といった麻薬類が国民の間でさほど蔓延していないことが挙げられる。麻薬のなかでも特に強力な中毒症状を呈するヘロイン、コカイン、ＬＳＤの流通度合いは他の何れの先進国に比べても際立って低い状態にある。

第三に、日本社会は**貧富の差**が比較的少なく、とくに極貧層が各国ほど多くは存在しないことが挙げられる。国民生活自体が平等でかつ豊かさを保っていることが犯罪の発生を防いでいる。「貧しさを憂えず、等しからざるを憂う。」の精神で他人に劣後しないように生活の向上を目指し、自ずと日本社会全体の生活水準が向上したときに「衣食足りて礼節を知る」状態に達するのである。

　第四に、**民族的な対立とか宗教的な対立**等、紛争となる深刻な火種が各国に比べ少ないことも幸いしている。我が国では暴力に訴えるきっかけそのものが乏しいのである。

　米国バーバード大学サミュエル・ハンチントン教授は1996年に著書「文明の衝突」において「ベルリンの壁が崩壊し、世界における資本主義対共産主義というイデオロギーの対立が終わりを告げたが、それによって世界は安寧・平和をとり戻すことにはならない。むしろこれまでイデオロギー対立に隠されてきた文明と文明との対立、特にイスラム文明とキリスト教文明との対立が世界に深刻な不安定さをもたらす時代になるだろう。」との有名な予言を行なった。そして、2001年9月11日に起きた米国同時多発テロ事件（3千人死亡、9千人重軽傷）をはじめとして、世界各地で宗教上、民族上の理由から大規模なテロ行為が勃発し、現在もなお騒然とした状況にあり、宗教間の不安定な対立状況が各国の治安を揺さぶり続けている。

　我が国でも1995年にオーム真理教による地下鉄サリン事件等という宗教に起因する大きなテロ事件が起きており、決して楽観はできないが、諸外国に比して一神教同士の抜き差しならない宗教対立からはかなり距離を置ける実情にある。

　これまでいくつかのアンケート調査により外国人に日本の魅力を尋ねると必ず上位に「**安全な国である。**」という答えが位置している。日本は大都市でも女性や外国人が夜間に一人歩きできる安全性を確保している数少ない国の一つである。北欧諸国と並んで世界で最も安全な国といってよい。「安全で過ごしやすい」、平凡なことようだがどこの国でもその達成に苦慮している最難関の課題である。この分野では、現在の日本は、世界の歴史上、地理上、真珠の輝きを放っている。

現在の優れた状況はこの国土に生存したおよび生存している人々のおびただしい努力の上に築かれたものである。今後とも現状を維持ないし向上させていくには奥深い知恵と多大な努力の継続が不可欠であることはいうまでもない。

第二十二章　日本の国際競争力への評価

　国際競争力の各国比較に関しては、ダボス会議を主催しスイスに事務局を置く世界経済フォーラム（WEF）の調査が伝統や規模の大きさ、世界からの注目度からみて最も権威があるとされている。2018年10月17日に恒例の「世界競争力レポート（ＧｌｏｂａｌＣｏｍｐｅｔｉｔｉｖｅｎｅｓｓＲｅｐｏｒｔ）2018年版」が公表されたので日本の位置づけなどを紹介しながら本書を締めくくることとしたい。

　世界経済フォーラム(WEF)の調査は、ほぼ全世界を網羅する140カ国（地域を含む）を対象にして、各種の経済社会指標や統計を克明に把握するとともに世界の一万人以上の企業トップへのアンケート等による裏付け調査を行い、各国ランキングの形に整理して公表しており、全600ページ余りに及ぶ壮大な規模の国際競争力比較資料である。

　そこでは、国家の状況や競争力を示す構成要素として98項目を予め選定し、そのそれぞれの項目について各国別に0から100（理想的な状況を100点とする）までの間でスコアを算出する形で評価する基礎作業が行われる。そしてこれら98項目を、各国別に、(1) 国家の仕組み・制度・安寧秩序など、(2) インフラストラクチャー、(3) 情報通信技術（ＩＣＴ）、(4) マクロ経済の安定性、(5) 国民の健康状態、(6) 教育・知的能力の開発など、(7) 製品市場、(8) 労働市場、(9) 金融システム、(10) 市場規模、(11) ビジネスにおけるダイナミズム、(12) イノベーションを生み出す能力、という12の大項目別に仕分けし直したうえでウエイト付けをしながら評点を集計し、最後にこれら12項目を総合したものを各々の国の評価として示している。

　2018年版において、**総合**では、日本は世界の全140カ国中、第5位という非常に高い評価を得ている。第1位が米国85．6、第2位がシンガポール83．5、第3位がドイツ82．8、第4位がスイス82．6、第5位が日本82．5という順になっている。以下、オランダ82．4、香港82．3、英国82．0、スウェーデン、デンマーク、フィンランド、カナダの順になっている。フランスは17位78．0、中国は28位72．6、ロシア43位65．6である。

　調査の癖から人口の少ない国が整備度合いからして有利であることが伺

えるが、一定以上の経済規模を持つ国の間では日本は米国、ドイツには遅れるものの、英国、フランス、北欧諸国、中国、ロシアなどを上回っている。

健康、情報通信技術などが評価の特に高い分野

　個別項目でみると12の大項目のなかでは、日本は、健康100．0（1位）、情報通信技術87．4（3位）、**市場規模**（ＧＤＰの大きさ等）85．7（4位）、**インフラストラクチャー**（鉄道・航空網の整備、電化率などを要因にして）91．5（5位）、などで高い評価を受けている。

（注）スコアの絶対値は項目ごとに世界の平均値が異なるので世界における順位も加味して配列した。以下同じ。

　他方、**国家の仕組み・制度**（社会資本、報道の自由、会社のガバナンスなどの項目で劣後）71．1（世界20位）、**労働市場**（採用・解職の慣行等、外国労働者雇用の難易度、教育におけるクリティカル思考などの項目で劣後）73．7（第26位）、**ビジネスにおけるダイナミズム**（開業コスト、企業リスクへの対応力などの項目において劣後）75．7（第14位）などが日本において比較的弱い点として指摘されている。

今後、カギを握るのは世代交代の成否

　我が国は、人口の老齢化、少子化が進み、過疎化や空洞化などの現象が目立ち始め、また、かつて常に世界のトップグループにいた一人あたりＧＤＰ統計において「失われた10年」「失われた20年」という長期停滞が影響して今日では世界の22位（2016年）あたりに低迷している。こうした状況を踏まえて、国内では日本の国際競争力について悲観的な見方が黒雲のように覆い始めているように見受けられる。しかし、海外から見れば、日本は国際競争力については世界140カ国中、第5位という輝かしい地位に位置づけられている。米国は別格としても世界第3位で欧州大陸において自他とも許す牽引車であるドイツともさほどの差はなく（ドイツの82．8に対して日本は82．5）、激しい競り合いのなかに位置しているということが上記の調査から伺える。

　戦後の非凡な経済発展から一段落した昨今ではあるが、日本人は将来に向けて、十分に繁栄を続けていく底力を有していると自覚してよいのでは

第二十二章　日本の国際競争力への評価　　209

ないだろうか。

　ただし、この状況を維持していくにはこれまでに劣らない相当の努力を要することになるだろう。

　新たな挑戦がどうしても必要である。

　今後、社会的な価値観の転換もふくめて、この国の姿をさらに前向きの方向に変えていくという重要な役割を担うのは壮年・中堅世代や若い世代だろう。老年世代はこれを背後からしっかりと支えていくという図式である。

「世代交代に成功するかどうか。中堅層や若い人たちがより自由に大活躍する環境が作れるかどうか」が今後の日本の鍵を握るだろう。（了）

「著者プロフィール」

　若い時に家族とともに3年間を外国（イギリス）で過ごし、また、人生が黄昏どきにさしかかった50歳代に再びヨーロッパの地に戻り、ルーマニア大使として日本の外交活動の一端を担った。

　大蔵省の現役時代は長らく我が国の金融制度改革の仕事に従事した。昭和56年の銀行法全面改正に携わったのが最大の思い出である。その時の経験などをもとに「詳解銀行法」など一連の著書を出版したがそれらは金融法を専攻する学生や金融界に身を置く人たちの間で広く、深く読まれることとなった。

　すべては生々流転していくというのが人生の実感である。仕事とは、結局、正しく予見することにあると思う。そのためには常に地道な現状分析を怠ることはできない。

小山嘉昭

小山嘉昭

素顔の日本

二〇一九年六月三十日　初版発行

発行所　日本橋出版

〒103-0027　東京都中央区日本橋二-二-三-四〇二

https://nihonbashi-pub.co.jp

発売元　星雲社

〒102-0005　東京都文京区水道一-三-三〇

電話〇三-三八六八-三二七五

印刷・製本所　日本橋出版

※落丁・乱丁本はお取替えいたします。

※価格はカバーに表示してあります。